# マッカーサーと幣原総理

## 憲法九条の発案者はどちらか

大越哲仁

大学教育出版

昭和天皇とマッカーサー
(1945 (昭和 20) 年 9 月 27 日)
(毎日新聞社提供)

幣原喜重郎

幣原喜重郎内閣　組閣時の閣僚

前列左から、農相松村謙三、内相堀切善次郎、海相米内光政、首相幣原喜重郎、司法相岩田宙造、国務相松本烝治、外相吉田茂。後列左から、法制局長官楢橋渡、蔵相渋沢敬三、商工相小笠原三九郎、情報局総裁河相達夫、運輸相田中武雄、文相前田多門、厚相芦田均、陸相下村定、書記官長次田大三郎。（『国民の歴史　第20巻／平和と民主主義』）

# 憲法九条

日本国憲法　第二章　戦争の放棄

第九条　日本国民は、正義と秩序を基調とする国際平和を誠実に希求し、国権の発動たる戦争と、武力による威嚇又は武力の行使は、国際紛争を解決する手段としては、永久にこれを放棄する。

② 前項の目的を達するため、陸海空軍その他の戦力は、これを保持しない。国の交戦権は、これを認めない。

# ○本書で論じる主要人物の略歴

昭和天皇　第一二四代天皇。御名裕仁、一九〇一（明治三四）年四月二九日東京の東宮御所で御誕生。二一（大正一〇）年半年間の訪欧後父帝の摂政に御就任。二六年一二月御践祚、改元。二八年一一月御即位。軍部の台頭と日中戦争の拡大に憂慮されつつも四一年十二月米英両国に対する宣戦詔書を御渙発。四五年八月ポツダム宣言受諾を御聖断。四六年三月「憲法改正草案要綱」を御聴許、新憲法において御自身が日本国と日本国民統合の象徴になられることを御決断される。翌四七年五月の日本国憲法施行後は国事に精励されるかたわら生物学の研究を深められた。八九（昭和六四）年一月七日崩御。

マッカーサー　MacArthur, Douglas　米国軍元帥、連合国軍最高司令官。一八八〇年、米国アーカンソー州リトルロックに生まれる。陸軍士官学校卒。第一次世界大戦に州兵師団を指揮。陸士校長の後、参謀総長就任。三五年軍事顧問としてフィリピンに赴任。四一年フィリピン米軍司令官、大将。四二年、マニラ陥落と共にオーストラリアに逃れ、米英豪蘭連合軍総司令官に就任し、対日反攻作戦を指揮。四四年元帥。四五年より連合国軍最高司令官として日本の占領政策を指揮。五一年トルーマン大統領から最高司令官を解任され帰国。共和党大統領候補となるも指名投票で敗れた。一九六四年逝去。

幣原喜重郎　第四四代内閣総理大臣。第四十代衆議院議長。一八七二（明治五）年大阪府北河内郡門眞村大字門眞（現、大阪府門真市一番町）生まれ。大阪中学校、第三高等中学校、東京帝国大学法科大学卒。九六年外務省入省。一九一九年駐米大使。二一年ワシントン会議に全権委員として参列。二四年以降三一年まで外務大臣を五度務める。四五年十月、内閣総理大臣就任、マッカーサーと交渉しつつ戦後改革と憲法改正に尽力。四六年四月内閣総辞職、翌月吉田内閣に国務大臣として入閣。四七年衆議院議員に当選、四九年衆議院議長。五一年議長職のまま急逝。

# はじめに

近現代日本史の最大の謎の一つが、日本国憲法第九条の発案者はいったい誰なのか、という問題である。

憲法九条は、戦争の放棄と戦力の不保持、国の交戦権の否認という、その当時どの国の憲法にも謳われていなかったエポックメーキングな条文であった。

この条文がどうしてできたのであろうか？

まずは、一般に知られている成立の経緯を概説しよう。

今から七二年前、今年と同じ戊年だった一九四六（昭和二一）年の二月一日。前年八月の太平洋戦争の降伏によって連合国の占領下にあった当時の日本において、時の幣原《しではら》喜重郎内閣が設置した憲法問題調査委員会（委員長・松本烝治国務大臣）が起草した憲法改正試案の一つ（「憲法問題調査委員会試案」）を毎日新聞がスクープした。

その試案は、新聞上でも「あまりに保守的、現状維持的なものにすぎない」（「毎日新聞」、同年二月二日）と批判されたように戦争放棄を定める条文など一切無い、大日本帝国憲法（以下、帝国憲法）と代り映えがしないものだった。

ところが、翌月の三月六日、政府は突如として「憲法改正草案要綱」を発表、それが翌七日の新聞に掲載される。この「憲法改正草案要綱」は、現行の日本国憲法の草案となったものであり、憲法問題調査委員会の改正試案とは全く異なる思い切った改革案だった。草案に盛り込まれた憲法の基本原理の中で特に国民が驚いたのは、象徴としての天皇、国民主権、基本的人権の尊重、そして戦争の放棄だった。

国民の中には、意外の感を抱く者や内容に懸念を感じる者もいたが、圧倒的多数の国民は、この新しい「憲法改正草案要綱」を歓迎した。

日本の占領政策を進めていたＧＨＱ／ＳＣＡＰ（連合国軍最高司令官総司令部）のトップである連合国軍最高司令官ダグラス・マッカーサーは直ちに「予が全面的に承認する新しい進歩せる憲法を日本国民に提示せんとする天皇ならびに日本国政府の決定について本日発表し得る事に深く満足している」という声明を発表する。

そのために世の人々は、わずか一ヶ月の間にどうして、憲法問題調査委員会が作成した保守的な草案が葬り去られたのか、三月六日の「憲法改正草案要綱」はいったい誰が作ったものか、その真相を知りたがった。しかし、このことは一切秘密に伏されていた。

そして、新しい「憲法改正草案要綱」は、帝国議会で審議されて幾つかの点が修正可決された上、枢密顧問（帝国憲法下での天皇の政務上の最高顧問官）の諮詢を得て帝国憲法の改正案として決定される。これを昭和天皇が裁可されて一九四六（昭和二一）年十一月三日、日本国憲法として公布され、翌一九四七（昭和二二）年五月三日に施行された。

その後の経緯を述べよう。

新憲法施行の二年後の一九四九（昭和二四）年一一月、米国国務省が「対日講和条約について検討中」と言明し、占領下の日本国内で講和論争が巻き起こる。

同年、アメリカ合衆国においてＧＨＱが日本占領の初期三年間に関する報告書「日本政治の再編成　一九四五年九月〜一九四八年九月（*Political Reorientation of Japan -September 1945 to September 1948-, **Report of GOVERNMENT SECTION** Supreme Commander for the Allied Powers*）」を公表する。

その報告書には、日本国憲法の成立事情が記されており、一九四六年二月に政府の憲法問題調査委員会がＧＨＱに提出した試案（「憲法改正要綱」）が破棄されて、同年三月に「憲法改正草案要綱」が発表された経緯が述べられていたのである。

その経緯とは次の通りである。

「毎日新聞」が同年二月一日にスクープした日本側の憲法問題調査委員会試案の内容を知った

ＧＨＱは、それが形ばかりの改正案だとして拒否し、その上でＧＨＱは自ら、マッカーサーの指示による重要な三点（いわゆる「マッカーサーの三原則」）に基づいて憲法の草案を作成し（ＧＨＱ草案）、日本政府に新憲法の勧告案として提示した。その勧告案を和訳したものが「憲法改正草案要綱」だった、というものであった。

このような驚くべき真相を記した「日本政治の再編成」の概要は、翌一九五〇（昭和二五）年一一月一一日の「ニッポン・タイムズ」に村田聖明記者によって紹介されて国内でも知られるようになった（西修『日本国憲法はこうして生まれた』二一六〜二一七頁）。

ここでいう「マッカーサーの三原則」（「マッカーサー・ノート」）については本文で詳しく説明するが、その第二項目に憲法第九条の元となった日本の戦争の放棄が述べられていた。

ちょうどその年（一九五〇年）の秋、日本政府がＧＨＱ草案を受け入れた当時の総理大臣であり、その後に新憲法の下で衆議院議長に選出されていた幣原喜重郎の口述による回顧録が「読売新聞」の朝刊に連載された。

その回顧録で幣原は、憲法九条となった戦争の放棄と軍備の全廃は、日本人の意思に反してＧＨＱから強いられたものではなく、幣原自身の信念によるものである、と明快に述べた。

ところが、その幣原は、それからまもなく急逝してしまう（一九五一年三月逝去）。彼の「読売新聞」上の回顧録が『外交五十年』という書籍として出版される一か月前であった。

そして、幣原が逝去した一九五一（昭和二六）年の九月八日、日本は、サンフランシスコ講和会議で連合国四五カ国と平和条約を締結して国際法上締結国と続いていた戦争状態を終結し、主権を承認されて独立を回復する。

独立回復以降は、日本国内でも新憲法の成立事情について明らかにし、憲法を再検討しようとする動きが起こった。

一九五四（昭和二九）年には、前述のGHQ草案が印刷されて自由党や改進党の憲法調査会で配布された。

また、当時の日本側の憲法草案策定の責任者だった松本烝治が首相官邸で日本国憲法成立の真相を講演、その速記録も発表された。

このような経緯で、日本国憲法がGHQ草案を元につくられたという憲法の成立過程の概要が明らかになった。

しかし、問題は憲法九条である。

戦争の放棄は、「マッカーサー・ノート」の第二項目に記載されているので、それだけをみれば、憲法九条の発案者はマッカーサーとなる。

しかし、既述のとおり、幣原喜重郎は自著『外交五十年』で、戦争の放棄と軍備の全廃は自分の信念によるものだと明言している。

いったいどちらが正しいのだろうか?

一九五一年、日本の独立が回復した当初は、同年に幣原の『外交五十年』が刊行されたこともあり、憲法九条の発案者は幣原であるという幣原説が多く唱えられた。しかし、その後、日本国憲法の成立過程の詳細が明らかになっていくにつれて、九条の発案者はマッカーサーであるというマッカーサー説の立場に立つ人が多くなっていく。

そして現在は、多くの論者が、憲法九条の発案者はマッカーサーであるとしている(たとえば、松尾尊兊『集英社版　日本の歴史㉑　国際国家への出発』四九頁)。

しかし、はたして本当にそうなのだろうか。

憲法九条の発案者が誰かという議論は、主として憲法の研究者による、憲法史的な知見に基づいて行われている。

しかし、その観点だけでは真実を明らかにするのに不十分であろう。

なぜなら、日本国憲法が公布された一九四六年は連合国軍による占領期である。日本政府の代表である幣原喜重郎内閣総理大臣は、連合国軍最高司令官のマッカーサーを相手に、日本国と昭和天皇のために命懸けで外交交渉を行った占領期に最も活躍した外交官の一人でもあった。したがって、外交や外交史、国内外の政治史上の知見による分析も必要になるのである。

そこで本書では、憲法史に加えて、幣原喜重郎の外交思想や外交スタイルの分析、さらには政治史や国際政治理論の知見も含めて、憲法九条の発案者の謎に迫りたい。

昨年（二〇一七年）の憲法記念日に、安倍晋三首相が自由民主党総裁として、憲法改正を求める集会にビデオメッセージを寄せて、「二〇二〇年を（憲法九条の改正も含めた）新しい憲法が施行される年にしたい」と述べた。さらに、一〇月二二日の衆議院選挙では、憲法九条の改正が初めて本格争点となり、自公与党が改めて衆参両院の三分の二を上回った。そして、衆院選の当選者の実に八二％が改憲に賛成姿勢を示したという分析結果も発表された（『朝日新聞』二〇一七年十月二三日）。

そのような政治情勢を受けた今年（二〇一八年）一月四日、安倍首相は新年の記者会見で「今年こそ新しい時代への希望を生み出すような憲法のあるべき姿を国民にしっかりと提示する」と述べた。同記者会見を解説する新聞によれば、首相官邸は今年後半の憲法改正発議をめざすという。そうすれば、来年四月三〇日の今上天皇の御退位と翌日の新天皇の御即位の前、すなわち来年冒頭までに憲法改正の国民投票ができるとの考え方である。

そして本日、今年の憲法記念日に開かれた改憲派集会に寄せたビデオメッセージでも、安倍首相は「いよいよ私たちが憲法改正に取り組むときが来た」と表明した。

衆議院議員の八割以上が改憲に賛意を示し、憲法九条を中心とする憲法改正の国民投票が早ければ来年にも見込まれる現在、九条を改正すべきと主張する人も、改正すべきでないと主張する人も、憲法九条とは日本人と日本国にとって一体何なのかということを理解する必要がある。そして、その理解のためには、憲法九条が誰によって、どのような意図によって発案されたのかを知る必要がある。

それを知ることが憲法九条とは何なのかの理解につながり、そのような知的作業を通して、本当にそれは改正すべきものなのか、そうではないのかの判断ができるであろう。

本書が皆様のその知的作業に対してたとえわずかでも貢献できれば、筆者としてこれ以上嬉しいことはありません。

二〇一八年五月三日

著者

# マッカーサーと幣原総理
## ―憲法九条の発案者はどちらか―

目次

# マッカーサーと幣原総理

## ―憲法九条の発案者はどちらか―

序章

# 憲法九条の発案者に関するマッカーサー説と幣原説、意気投合説

本論の前に、憲法九条の発案者に関して従来から主張されてきた三つの説の主な根拠を紹介したい。三つの説とは、九条の発案者がマッカーサーだとする説、幣原だとする説、そして、両者が意気投合してできたという説である。

## マッカーサー説の根拠

マッカーサー説の第一にして最大の根拠は、一九四六年二月三日にマッカーサーがＧＨＱ民政局に日本国憲法の草案を作成するよう指示した際に示した「マッカーサーの三原則」の中に憲法九条に直接つながる戦争の放棄と戦力不保持、交戦権の否認の内容が盛り込まれていることである。この説に関しては、第一章で詳細に論じたい。

第二の根拠は、憲法九条に関してマッカーサーと幣原の間に交わされたとする会話の内容を記録した日記類である。

その日記類は二つある。

まずは、幣原内閣において厚生大臣だった芦田均の日記である。

憲法問題調査委員会の委員長であった松本烝治国務大臣や吉田茂外務大臣ら日本政府の代表に対してＧＨＱが、自ら起草した憲法草案を手交したのは一九四六年二月一三日であった。そして、そのことが松本大臣によって閣議ではじめて報告されたのは、六日後の二月一九日だった。その閣議の結論として、首相の幣原がマッカーサーにGHQ草案の主旨を確認することになったので、二日後の二月二一日に幣原とマッカーサーの会談が行われた。その会談の内容は、翌二二日の朝の定例閣議で幣原が報告する。

芦田均のその二二日付の日記には、同閣議で幣原が報告したマッカーサーとの会談の内容が書き残されており、それによれば、二人の会談では主に次のようなやりとりがあった。

マッカーサーが幣原に、「日本の為に図るに寧ろ第二章〔戦争放棄条項〕の如く国策遂行の為にする戦争を放棄すると声明して日本がモラル・リーダーシップを握るべきだと思う」と述べたところ、幣原はこの時語をはさんで「リーダーシップと言はれるが、恐らく誰もフォロワーとならないだろう」と言った。マッカーサーは、「フォロワーが無くても日本は失う処はない。之を支持しないのは、しない者が悪いのである」と述べた、と（『芦田均日記』第一巻　七九頁）。

このように芦田日記には、戦争放棄を主張するマッカーサーに対して幣原が反論したことが記録されているから、憲法九条の発案者が幣原のはずがないとされ、同日記は、マッカーサー発案説の重要な論拠とされたのである（古関彰一『憲法九条はなぜ制定されたか』一五～六頁、西修『日本国憲法はこうして生まれた』二〇八頁、等）。

もう一つの日記は、当時、連合国対日理事会（ＡＣＪ）の英連邦代表として東京に滞在していたオーストラリア人のマクマホン・ボールの日記である。マクマホン・ボールの日記の一九四六年六月二五日の項の最後に、ボールがオーストラリアのエヴァット外相宛に送信した電報の内容の記載があり、その中に、マッカーサーと幣原との会話の内容についてマッカーサーからボールが直接聞いた話が報告されていた。

それによれば、幣原がマッカーサーに憲法の戦争放棄の主旨について「どのような軍隊なら保持できるのですか」と質問したところ、マッカーサーは「いかなる軍隊も保持できない」と語り、それに対して、幣原は「戦争放棄ということですね」と確認した。マッカーサーは幣原に対して「そうです。あなたがたが戦争を放棄すると公言すれば、そのほうがあなたたちにとって好都合だと思いますよ」と答えた、というのである（アラン・リックス編『日本占領の日々――マクマホン・ボール日記――』六六頁）。

このボールの日記の日本語翻訳本は一九九二年に刊行されたために、憲法九条マッカーサー発案説に対する近年の有力な根拠となる（松尾前掲書　四九頁）。

第三の根拠は、戦争の放棄を謳った憲法九条が一九三五年に制定されたフィリピン共和国憲法の記述に類似しており、それが成立した当時、マッカーサーは軍事顧問としてフィリピンに赴任していたことから、憲法九条の発想は、マッカーサーのフィリピン憲法に関する知見を起点とする、というものである（古関『日本国憲法の誕生』一三二頁、等）。

右の三つの根拠に対しては、今までこれを覆す議論はほとんど無い。そのために、多くの人がこれらを拠り所として憲法九条マッカーサー発案説を支持しているのである。

## 幣原説の根拠

一方、幣原説の根拠は主に三つある。

まずは、「はじめに」で紹介した彼の口述回想録である『外交五十年』の記述である。そこでは、幣原は明白に、「戦争を放棄し、軍備を全廃して、どこまでも民主主義に徹しなければならないということは」彼自身の「信念からであった」と述べる（幣原『外交五十年』二一九頁、中公文庫）。

第二の根拠は、マッカーサー自身が後年、憲法九条は幣原の発案である、と述べていることである。

これに関しては、主な文書が二つ残っている。

一つは、彼がアメリカへ帰国した直後の一九五一年五月五日に、アメリカ上院の軍事・外交合同委員会で証言した証言録である（『極東の軍事情勢　軍事委員会と外交委員会の事前公聴会　米国上院、第八二議会第一セッション（*MILITARY SITUATION IN THE FAR EAST, Hearings Before The Commitee On Armed Services And The Commitee On Foreign Relations, United States Senate. Eighty-Second Congress First Session*）』）。

もう一つは、マッカーサーが晩年に執筆に取り組んで、逝去した一九六四年に刊行された回顧録である（ダグラス・マッカーサー／津島一夫訳『マッカーサー大戦回顧録』）。

第三の根拠は、幣原が、彼の友人の枢密顧問官・大平駒槌に語った一九四六年一月二四日のマッカーサーとの会談の内容といわれているものである。その話は、大平が娘の羽室ミチ子に語り、羽室はそれをメモに残し、「羽室メモ」として今に伝わっている。

しかし、この「羽室メモ」は原本が公開されておらず、その内容も、「（幣原がマッカーサーに）世界中が戦力をもたないという理想論を始め戦争を世界中がしなくなる様になるには戦争を放棄するという事以外にないと考えると話し出したところがマッカーサーは急に立ち上がって両手で手を握り涙を目にいっぱいためてその通りだと言い出したので幣原は一寸びっくりした」という部分が主に伝わっているだけである（古関『憲法九条はなぜ制定されたか』六～七頁）。そのために、その内容は、幣原が自分の理想を語ったものなのか、新憲法に入れるべき条文を述べたのか不明瞭である。

## 幣原説に対する反論

　この幣原発案説については、多くの厳しい反論がある。その最たる批判者が誰あろう、幣原本人の長子である故幣原道太郎氏である。

　道太郎氏による憲法九条幣原発案説批判の要旨を端的に述べれば、幣原説の第一の根拠の『外交五十年』は、占領下における著作物であるから、幣原はGHQに配慮して心にもないことを述べただけだとする。その証拠に、幣原の友人の故柴垣隆氏の随筆集『大凡荘夜話』には、柴垣氏に幣原が『外交五十年』の原稿を指しながら、自分はこの原稿で「日本国民の恭順を米国に示し、米国民の心をやはらげるために心にもないことを書いた」と語ったとの記述があることを示す。第二のマッカーサーの証言は、マッカーサーが「死人に口なし」を利用したもの、つまり、マッカーサーは朝鮮戦争を契機に日本に再軍備を命じたので、憲法九条の発案者が自分だと都合が悪いから、それを既に亡くなった幣原に押し付けたのだ、というものである。また、第三の「羽室メモ」は、幣原は憲法の話ではなくて単に自分の理想を語っただけだ、というのである（以上、幣原道太郎「憲法第九条を強要された父・幣原喜重郎の悲劇――「羽室メモ」をめぐる謎」『週刊文春』四七〜五四頁、昭和五六年三月二六日号）。

道太郎氏の反論はそれなりに筋が通っている。特に第三の「羽室メモ」については、現在主に公表されている部分を見れば、道太郎氏の主張の方が妥当と思われる。

さらに、幣原内閣の閣僚を務めた人たちの中に幣原が発案したはずがないという証言がある。幣原は当時、軍備を認めた「憲法改正要綱」（松本案）を承認していたからというのが理由である。また、先に述べた芦田日記の一九四六年二月一九日の閣議の記録にも「三土〔忠造〕内相、岩田〔宙造〕法相は、総理の意見と同じく『吾々は之〔GHQ草案〕を承諾できぬ』と言」った、とある（前掲『芦田均日記』①七七頁）。この記述から幣原総理もGHQ草案を承諾できないとする立場だったことが分かるから、憲法九条の発案者が幣原のはずがないとするのである（古関『憲法九条はなぜ制定されたか』一四頁、他）

## マッカーサーと幣原の意気投合説

一方、二人の意気投合説という折衷説のような説もある。

幣原は前々から非戦、非武装の考え方を持っており、マッカーサーと話しているうちに彼の理想がマッカーサーを感動させて、それが契機となってGHQ草案に戦争放棄が規定されることになった、というものである。この意気投合説は、幣原首相の秘書官だった岸倉松や当時外相だった吉田茂も採っていた説であった（西前掲書二〇三～四頁）。

しかし、この意気投合説が本当であるならば、幣原はＧＨＱ草案に対して賛意を示したはずだが、前述の通り、芦田日記やボール日記によれば、幣原はＧＨＱ草案に対して困惑していたのだから説得力に欠ける。また、この折衷説は、幣原が直接憲法の条文を発案したとする立場はとらず、幣原の非戦の理想にインスピレーションを得たマッカーサーが発案した、という立場であるから、結局マッカーサー発案説に収斂されるであろう。

## 当事者の二人は共に幣原発案説を主張

このように、憲法九条の発案者に対するマッカーサー説の根拠に関しては批判する議論がほとんどない一方で、幣原説については、すべての根拠に対して、ほぼ完璧ともいうべき反論が為されている。したがって、マッカーサー説が多数説になるのも当然であろう。

しかし、もし本当は憲法九条が幣原自身の発案であったのならどうするのか。

憲法九条の発案者について、幣原とマッカーサーの証言は矛盾しない。なぜなら、幣原自身が自分の発案だと言っており、マッカーサーも幣原だと言っているのだから。

もし当事者の二人の言うとおり、本当に幣原が発案者だったのならば、我々は寄ってかかって二人の証言を否定して、幣原ではない、マッカーサーだと断定することになる。そして、我々こそが「死人に口無し」に荷担して真実をねじ曲げることになる。

　そこで筆者は、本書に於いて、今上げた論拠の一つひとつを再検討して、真実を明らかにしていきたい。

## その他の発案者説

　なお、憲法九条の発案者として、マッカーサーと幣原以外に名前が挙がっている人物がいるかといえば、実は様々な論者によって何人もの名前が挙がっているが、いずれも根拠が薄い。

　たとえば、憲法学者の西修氏は著書において、ＧＨＱで草案起草に関わったケーディスとホイットニーの共同発案説や「人間宣言」で平和国家の方向を示した昭和天皇発案説を紹介しているが、前者についてはケーディス本人への聞き取りで肯定的な返答は受けられなかった、後者については、「人間宣言」だけでかかる説を打ち出すのは安易、と述べている（西前掲書二〇四～六頁）。

　一方、最近になって、当時Ａ級戦犯被告として巣鴨拘置所に拘留されていた白鳥敏夫が憲法九条の発案者であると論じる論者も出現した（たとえば、五百旗頭《いおきべ》眞氏）。この説についても本論で論じたい。

# 第一章

# 「マッカーサーの三原則」のミステリー

## 「マッカーサーの三原則」とは何か

「はじめに」で述べたとおり、「マッカーサーの三原則」とは、ＧＨＱが日本国憲法の草案を作成する際に、マッカーサーから憲法に盛り込むように指示された「原則」とされている。

一九四六（昭和二一）年二月三日、マッカーサーはＧＨＱ民政局長のホイットニーに対して、この三項目を示し、日本国憲法草案の制定を指示した。

日本国憲法の研究者は、文字通りこれを「原則」と呼び、「憲法改正の必須要件」と位置付けている。他には、「マッカーサー・ノート（覚え書き）」とも呼ばれている。

ところが、「マッカーサーの三原則」を憲法改正にあたっての原則や必須要件と捉えると、いきなり不思議なことに思い当たるのである。

不思議なこととは何か。

それを説明するために、まずは「マッカーサーの三原則」の全文を紹介したい。

### 「マッカーサーの三原則」（「マッカーサー・ノート」）の内容

次がその全文である。

機密事項

Ⅰ

天皇は国家の元首の地位にある。

天皇の地位は世襲である。

天皇の職務と権限は憲法に基づいて、そして、国民の基本的な意思に基づいて行使される。

Ⅱ

国家の主権的権利としての戦争は放棄される。

日本は、国際紛争を解決する手段として、さらに国家の安全を確保するための自衛の手段としてさえも、戦争を放棄する。

日本の安全は、現在の世界に勃興している、国家の防衛とその保護のためのより高い理想に依拠する。

日本の陸軍、海軍、空軍は決して認可されない、そして、交戦権は日本の軍には決して与えられない。

Ⅲ

日本の封建制度は廃止する。

皇族以外の貴族〔即ち華族〕の権利は、現在現存の人々を除いて世襲されない。

華族の権利には、今後、国または地方におけるいかなる権力も包含しない。

英国型の予算制度の採用

（前掲「日本政治の再編成」一〇二頁。原英文、邦訳は本書著者）

これを読んで、読者の皆様はお気づきであろうか。

「Ⅱ」が憲法九条の元になったことは読んですぐに分かるが、憲法九条の条文とは根本的に異なる部分がある。

それは、「マッカーサーの三原則」には、「Ⅱ」の第二項目に「さらに国家の安全を確保するための自衛の手段としてさえも」戦争を放棄する、つまり、自衛戦争さえも放棄すると明確に書かれているのである。しかし、現行の憲法九条には、自衛戦争まで放棄するとはどこにも書かれていない。

## 部下のケーディスが勝手に削除した「自衛戦争の放棄」

実は、「マッカーサーの三原則」のⅡ（以下、「Ⅱ原則」）の中の「国家の安全を確保するための自衛の手段としてさえも、戦争を放棄する」という文言は、GHQで憲法草案を担当した民政局において起草委員長の立場にあったケーディス大佐が独断で削除してしまったものだ。ケーディスはその代わりに、「Ⅱ原則」の同項にはなかった「武力による威嚇または武力の行使」も「永久に放棄する」ように憲法草案に書き加えている。

なぜケーディスが「自衛の手段」としての戦争を草案から削除したのか。

後年、憲法学者の西修氏からこのことを質問されたケーディスは、西氏に次のように答えている。

「(自衛戦争の放棄まで憲法に規定すれば) 日本は攻撃されてもみずからを守ることができないことになり、このようなことは現実的ではないと思えたからです。私は、どの国家にも、自己保存の権利があると思っていました」(西「憲法9条の成立過程」一三六頁)と。

「武力による威嚇または武力の行使」の永久放棄を追記した理由については、ケーディスは西氏に、「たしかケロッグ・ブリアン条約か国連憲章にそのような表現があった、ただ当時はそれを見ることができず、確認した訳ではない」と答えている(同論考一三五頁)。

ケロッグ・ブリアン条約とは後述する不戦条約のことだが、実際は同条約にはケーディスが述べたような表現はない。しかし、国際連合憲章の第二条【原則】の第四項に「すべての加盟国は、その国際関係において、武力による威嚇又は武力の行使を、いかなる国の領土保全又は政治的独立に対するものも、また、国際連合の目的と両立しない他のいかなる方法によるものも慎まなければならない」とある(傍線本書著者)。

このことから、ケーディスはGHQ草案にこの国連憲章の規定を採用したのが明らかである。

その結果でき上がった憲法九条のGHQ草案が次である。

「第二章　戦争の放棄
第八条　国家の主権的権利としての戦争は放棄される。武力による威嚇または武力の行使は、国際紛争を解決する手段としては永遠に放棄される。
陸海空軍その他の戦力は決して認可されない。交戦権は国家に与えられない。
（国会図書館「日本国憲法の誕生　ＧＨＱ草案」より。原英文、邦訳は本書著者）

（なお、ここで戦争放棄条項が第八条なのは、ＧＨＱ草案では第一章が七条までだったためで、「憲法改正草案要綱」ではＧＨＱ草案の第三条が二つの条文になったために九条になった。）

## マッカーサーの「Ⅱ原則」とＧＨＱ草案の相違点

改めて、マッカーサーの「Ⅱ原則」とＧＨＱ憲法草案を比較してみよう。
まず、マッカーサーの「Ⅱ原則」における自衛戦争の放棄の部分（「さらに、国家の安全を確保するための自衛の手段としてさえも（戦争を放棄する）」の部分）は、ＧＨＱ草案では前述の通り、ケーディスの判断で削除されている。また、「Ⅱ原則」における「日本の安全は、現在の世界に勃興している、国家の防衛とその保護のためのより高い理想に依拠する」という部分も削除されている。ただし、この文言の趣旨は、ＧＨＱ草案における前文（したがって日本国憲法前文）の第二節の文章、「日本国民は、恒久の平和を念願し、人間相互の関係を支配する崇高な理想を深く自覚するのであつて、平和を愛する諸国民の公正と信義に信頼して、われらの安全と生存を保持しようと決意した」に生かされている。

また、GHQ草案には、「Ⅱ原則」には記載のない第一項の「武力による威嚇または武力の行使は、（国際紛争を解決する手段としては）永遠に放棄される」と第二項の「陸海空軍」のあとに「その他の戦力」が書き加えられている。

## GHQ草案と日本国憲法との相違点

参考までにGHQ草案と日本国憲法の相違点についても確認しておきたい（日本国憲法九条の条文は本書の扉を参照されたい）。

両者の相違点を端的に説明すれば、まず、日本国憲法はGHQ草案の内容を漏らさず盛り込んでいる。

その一方で、日本国憲法は、GHQ草案の文章をまとめたり、文言を追加したりしているために、GHQ草案とは微妙に意味が変わっている部分がある。

具体的には、GHQ草案での「国家の主権的権利としての戦争は放棄される。武力による威嚇または武力の行使は、国際紛争を解決する手段としては永遠に放棄される」という、それぞれ別個の二つの文章が、日本国憲法では「国権の発動たる戦争と、武力による威嚇又は武力の行使は、国際紛争を解決する手段としては、永久にこれを放棄する」と一文にまとめられている。

その変更によって、ＧＨＱ草案では、戦争の放棄に関して自衛戦争が除かれるかどうかは必ずしも文言上はっきりしなかったが、日本国憲法では、放棄する戦争が国際紛争を解決する手段としての戦争に限定されることが明確になっている。

さらに、日本国憲法では、第二項の冒頭に「前項の目的を達成するため」という接続句を挿入したために（いわゆる「芦田修正」）、保持しないとした戦力は、国際紛争を解決するための戦力に限定されるとする解釈、換言すれば、自衛戦争のための戦力は保持できるとする解釈が可能な条文として成立している。

このような修正は、帝国議会の制憲会議に参画した議員たちが、ＧＨＱ草案の内容はすべて盛り込んだ上で、少しでも意味を変えよう、放棄する対象から自衛戦争を除外しようとした涙ぐましい努力の結果とも言えるが、それがそのままＧＨＱの承認を経て日本国憲法として成立したのだから、日本側の修正は、マッカーサーの「Ⅱ原則」から自衛戦争の放棄を削除したケーディスにとっては、解釈が大きく変わるような重要な修正ではなかったのである。

さらに、日本国憲法では、その第一項にＧＨＱ草案にはなかった「日本国民は、正義と秩序を基調とする国際平和を誠実に希求し」という文言が付け加えられている。

そのいきさつは次のとおりである。

すなわち、制憲会議に参画した議員たちから、戦争放棄条項に関して、新憲法の政府案（したがってＧＨＱ案）ではいかにも消極的なので、もっと積極的に国際平和への願いを打ち出す方がよいのではないか、という意見が出されて、賛同の声が多く、その結果、このような文章が入れられるようになった、と（西前掲書三三八頁）。

ここで確認したいことは、この文言は、ＧＨＱ草案で削除されたマッカーサーの「Ⅱ原則」の文章（「日本の安全は、現在の世界に勃興している、国家の防衛とその保護のためのより高い理想に依拠する」）を「復活」させたものではないということである。なぜなら、当時の日本の当局は、「マッカーサーの三原則」の存在を一切知らなかったからである。

つまり、憲法九条の「日本国民は、正義と秩序を基調とする国際平和を誠実に希求し」という戦争の放棄に積極性を持たせたこの文言こそが、制憲会議に参加した帝国議会の議員たち、したがって、日本国民が総意として戦争放棄条項に賛成し、それに積極性と理念性も持たせたことを示す極めて重要な文言なのである。

## GHQ草案と日本国憲法に盛り込まれた東洋的な思想

しかし、それでも疑問に残るのは、GHQ草案で削除されたマッカーサーの「Ⅱ原則」の「日本の安全は、現在の世界に勃興している、国家の防衛とその保護のためのより高い理想に依拠する」という文言と、制憲議会に参画した日本の議員たちが加筆した「日本国民は、正義と秩序を基調とする国際平和を誠実に希求し」という文言との類似性である。いずれも国際社会の理想に信頼を置く理念的な文言である。

ここで想起することは、GHQ草案の戦争放棄条項の条文を決定したケーディスが前述の西氏に語った次の言葉である。

「九条のそもそもの発想は、天皇の『人間宣言』にあるのではなかろうかと思ったことがありました。というのは、あの中には欧米的な感覚とは違った発想が見られたからです。しかし、『人間宣言』は、天皇自ら書いたとは考えられません。幣原首相が関係していたことは事実ですし、そうすれば、幣原発想説も可能ということになります」（西前掲書二〇六頁）。

これは、ケーディスがはじめてマッカーサーの「Ⅱ原則」を読んだ時に抱いた感想を述べた言葉であろう。

そうすると、マッカーサーの「Ⅱ原則」のこの文章と、昭和天皇の「人間宣言」に盛り込まれた文言、そして、日本の議会人が憲法九条に書き加えたこの文章の共通性とは、欧米的な発想ではなくて東洋的な発想なのではないだろうか。そして、それは、マッカーサーの「Ⅱ原則」の発案者が、本当はアメリカ人の軍人であるマッカーサーの発案ではなく、日本人の幣原であることの傍証のようにも思われる。

これもまた、「マッカーサーの三原則」のミステリーである。

しかし、この謎解きは後で行うこととしよう。ここでは話を戻して「マッカーサーの三原則」のもっと大きなミステリーについて考えていきたい。

## 「マッカーサーの三原則」に反したGHQの憲法草案の不思議

「マッカーサーの三原則」における自衛戦争の放棄に対して、ケーディスがこれに反して、GHQ草案で自衛戦争は放棄せずに認める決定をしたということは、憲法史の研究者にはかなり知られていることである。ところが、管見では、そのことについて掘り下げた議論を行った論者はほとんどいない。

しかし、いったい、組織のトップであるマッカーサーが指示した「原則」を部下が勝手に削除したり、書き加えたりすることが許されるのであろうか。特に、マッカーサーは軍隊組織である連合国軍の最高司令官であり、ケーディスはマッカーサーの部下で、しかも階級は佐官である。軍隊においては上官の命令は絶対である。

この疑問に答える論考も見当たらない。

さらに、「マッカーサーの三原則」にはもっと不思議なことがある。

それはなにか。

今日の我々は、日本国憲法の三大基本原理は次の三点であると理解している。

〈日本国憲法の三大基本原理〉

1　国民主権の原則と象徴天皇制

2　基本的人権の尊重

3　平和主義

（恒藤武二「日本国憲法の基本原理」『教材法学』.iv頁）

この日本国憲法の三大基本原理を「マッカーサーの三原則」に照らしてみると、後者の「三原則」は三大基本原理に対して網羅的ではなく、非常に偏った部分だけについて指示していることとが分かる。逆を言えば、その「三原則」に基づいているはずのGHQ草案もまた、必ずしもその「三原則」どおりではない。

具体的に見てみよう。

まず、日本国憲法の基本原理の3の「平和主義」は、今まで論じた通り「マッカーサーの三原則」の「Ⅱ」に当たる。ただし、繰り返すが、マッカーサーの「Ⅱ原則」では自衛戦争を含む一切の戦争の放棄を指示しているが、GHQ草案では自衛戦争の放棄は除外されている。

それでは、憲法の基本原理1の「国民主権の原則と象徴天皇制」についてはどうか。

「マッカーサーの三原則」には、象徴天皇制のことは指示せず、逆にその「Ⅰ」に「天皇は国家の元首の地位にある」と明記されている。

国家の元首とは、すべての国際法上の関係において国家を代表し、国家の全般的代表権を持つ国家機関のことである（高橋・畝村『改訂 国際法』七八頁）。したがって、元首とは、国政に関する権能を有しない象徴としての天皇（日本国憲法第一条、第四条）とはまったく権能が異なる。この点についても「マッカーサーの三原則」と日本国憲法の基本原理とは一致していない。

ただし、「国民主権」について言えば、マッカーサーの「Ⅰ原則」に「天皇の職務と権限は憲法に基づいて、そして、国民の基本的な意思に基づいて行使される」という記述があることから、憲法は国民の基本的な意思に基づくものとなり、そこから国民主権という考え方が導かれることになる。マッカーサーの「Ⅲ原則」第一項の封建制度の廃止や同第二項の華族の権利の世襲の禁止、同第三項の華族の権利の非政治権力化なども国民主権の確立に不可欠な要素である。

それでは、日本国憲法の基本原理の2の「基本的人権の尊重」についてはどうか。これについては、「マッカーサーの三原則」にはまったくその記載がない。

一般には「マッカーサーの三原則」とはGHQ草案の根本原則であって、それに基づいてGHQ草案すなわち日本国憲法の草案ができたと言われているのに、いったいこのような大きな違いがなぜ生じたであろうか。

これは大きなミステリーである。

### 「マッカーサーの三原則」の要点は、天皇の地位と戦争放棄と華族の非政治権力化

今述べたとおり、「マッカーサーの三原則」はその指示する対象が非常に限定的である。「三原則」を煎じ詰めると、①天皇の地位と職務と権限、②戦争の放棄と戦力不保持、③華族の権利の非世襲制と非政治権力化、そして、「Ⅲ原則」の文末にある④「英国型の予算制度の採用」に集約できる。

最後の④について解説すれば、日本の憲法の改正のポイントとして、成文憲法を持たないイギリスの例をわざわざ引いているのは、予算制度に関する旧憲法の規定とイギリスのそれとの実態の違いに起因しているからであろう。

旧憲法では、議会を国権の最高機関と位置付けていなかったために、財政についても議会優先主義の原則は採用されなかった。具体的に言えば、旧憲法では、勅令による財政立法や政府の緊急時の財政処分権が定められており、皇室費についても、それを増額するとき以外は議会の承認を必要としなかった。

これに対して、イギリスでは、特定の収入を支出に充てる特別会計が分立していた状態が長く続いたが、一七八七年にこれを一つにまとめて、日本の現代の一般会計に相当する「統合国庫資金」を創設、これによって、予算は一つでなければならないという「統一性の原則」が確立されていた（松浦茂「イギリス及びフランスの予算・決算制度」『レファレンス』（第六八八号）一一三頁）。このことからマッカーサーは、この項目で国会による国家予算の統一性の原則を述べたと考えられる。そうだとすれば、これは日本国憲法第六十条（衆議院の予算の先議と優越）で具体化されている。

## 「マッカーサーの三原則」は「原則」ではなく「希望事項」だった

今日の日本国憲法の元となったGHQ草案が、なぜ、「マッカーサーの三原則」で挙げられた天皇の国家元首の地位と自衛戦争の放棄を否定し、さらに、「三原則」に直接挙げられていない国民主権や基本的人権の尊重を大きな特色とするものになったのか。

それは、日本では広く「マッカーサーの三原則」といわれているものが、実は「原則」や「必須項目」ではなかったからであった。

「マッカーサーの三原則」が日本で知られるようになったのは、「はじめに」でも紹介したとおり、被占領中の一九四九年、GHQがアメリカにおいて公表した日本占領の初期三年間に関する報告書「日本政治の再編成　一九四五年九月～一九四八年九月」において、日本国憲法の成立経緯が記され、そこに詳しく述べられていたからだったのだが、その原文には、次のように書かれていたのである。

彼〔マッカーサー〕はホイットニー准将〔民政局長〕に対して、〔憲法草案について〕民政局に完全な自由裁量権があることを示したが、なお、“three major points（三つの重要な点）”を草案に含めるように“wished（希望した）”。

（同書一〇二頁、原英文、邦訳は本書著者）

ここにあるマッカーサーの“wish（希望する）”とは、“Want”よりも控えめな希望・願望を表す表現である。

すなわち、日本で「三原則」と呼ばれているものは、実は、日本国憲法草案を策定するようにマッカーサーが民政局に指示した際に、同局に完全な自由裁量権を与えた上で伝えた彼の「三希望事項」であった。

だからこそ、マッカーサーの「三原則」は憲法改正のポイントに関して網羅的ではなく、彼が関心のある部分に限定されたのであった。そして民政局は、必ずしもマッカーサーの「三原則」に書かれた彼の希望の全てを憲法草案に取り入れなくても良かったのであり、実際にケーディスは、「三原則」にある自衛戦争の放棄の文言を「現実的でない」と考えて削除し、天皇は元首ではなく象徴としたのだった。

なお、マッカーサーの「三原則」が、実は「三希望事項」だったことは、資料原典から本書筆者が発掘し、本書で初めて明らかにした事実である。

ＧＨＱ民政局は、マッカーサーから「三希望事項」を伝えられはしたものの、それ以上に彼から完全な自由裁量権を与えられていた。このことは極めて重要である。

## 「憲法研究会案」と民政局による日本国憲法GHQ草案の策定

二月四日、前日にマッカーサーから「三希望事項」を示されたホイットニー民政局長は、ケーディス以下の憲法起草委員にそれを示し、具体的な憲法草案の策定に入るように指示した。起草委員は、全体を統制する運営委員会の下、立法権、行政権、人権、司法権、地方行政、財政、天皇・条約・授権規定の各委員会に分かれて、当時の日本の政党や民間の研究グループの人々が発表した憲法草案等も考慮に加えて集中的な作業に入った。

彼らは軍人だったが、その多くが軍属前は優秀な法律家だった。たとえば、ケーディス起草委員長はハーヴァード大学ロースクール卒業。運営委員会で草案起草に重要な役割を果たしたハッシーとラウエルを見ると、前者はヴァージニア大学ロー・スクールを卒業し、アメリカの主要大学を優等で卒業した人々の会であるファイ・ベータ・カッパのメンバーであり、後者はハーヴァード大学ロースクールに入学した後にスタンフォード大学ロー・スクールに転入し卒業した人物だった。ホイットニー民政局長自身もジョージ・ワシントン大学ロー・スクールで法律を学び、弁護士業務の経験も積んでいた（西前掲書一八六～一八七頁）。

実は、民政局がその時既に注目し、高く評価していたのが、一九四五年一二月二七日に発表された民間の憲法研究会による憲法案（「憲法研究会案」）だった。憲法研究会は日本文化人連盟を母体に、同年一一月初旬に発足したもので、メンバーは高野岩三郎、馬場恒吾、杉森孝次郎、森戸辰男、岩淵辰雄、室伏高信、鈴木安蔵といった人達だった（同書一二〇頁）。ラウエルは「憲法研究会案」が発表されると早速内容を詳細に検討し、一九四六年一月一一日には、この憲法草案に関する「幕僚長に対する覚書」を起草しており、その結論として「この憲法草案中に含まれている諸条項は、民主主義的で受け容れうるものである」と判断していた。「憲法研究会案」の中で特に彼が評価したのが、（a）国民主権、（b）出生、身分等による差別待遇の禁止と貴族制の廃止、（c）一日八時間労働制などの労働者の権利、（d）国民投票制、（e）財政全般に関する国会の統制権などであった。しかし、いくつかの規定の欠落、すなわち、憲法が国の最高法規であるという規定、内閣は国会の不信任決議により辞職しなければならないという規定、裁判所の違憲審査権等が欠けており、その点に問題があると彼は指摘していた（同書一二八～一二九頁）。

ラウエルの「幕僚長に対する覚書」で注目されるのは、彼が「憲法研究会案」の検討を通して、一月一一日の時点で既に新憲法のGHQ草案の輪郭ともいうべきものを考えていたことである。

そのようなＧＨＱ民政局での検討の後、二月一〇日に日本の民間の憲法案である「憲法研究会案」の項目も複数採用された上でＧＨＱ草案がまとめられた。

現代に於いてしばしば、ＧＨＱ草案は二月四日から一〇日までのわずか七日間でまとめられたものだと言われるが、実際はＧＨＱ内では、一月一一日頃には既に、日本の新しい憲法はどうあるべきかという検討が行われていたのであった。

そして、まとめられたＧＨＱ草案は直ちに主旨説明書と共にマッカーサーに提出され、彼は、一箇所だけ修正した上でそれを承認した。草案は、あらかじめリンカーンの誕生日である二月一二日を草案完成の日と定めていたその日に活版印刷に付されて完成し、翌日、日本政府側に手交されたのである。

話を戻そう。

「マッカーサーの三原則」が、実は彼の「三希望事項」であったという事実を知ると、以降の章で述べるとおり、マッカーサーと幣原の間で交わされた会話として伝わっている内容自体が大きな矛盾をはらんだものになるのである。

# 第二章

# マッカーサーがＧＨＱ草案の採用を日本政府に求めた理由

「マッカーサーの三原則」が、「原則」ではなく彼の「希望事項」であり、完成したGHQ草案が、この希望事項に必ずしも沿った内容ではなかったことが明らかになると、九条発案者マッカーサー説の根拠が大きく崩れることになる。

どのように崩れるのかを述べる前に、マッカーサーはなぜGHQとして日本国憲法の草案を作り、日本政府に提示して採用を求めたのか、その意図を明らかにしたい。

## 『芦田均日記』に記録されたマッカーサーと幣原の会談の内容

GHQ草案を日本政府に提案したマッカーサーの意図に関しては、序章で述べた通り、一九四六年二月二一日に幣原首相がマッカーサーと会談を行ってそれを確認し、翌二二日の閣議で報告、その概要が当日の芦田日記に記録されている。

その日記によれば、会談でマッカーサーは幣原にGHQ草案について細々と説明したことが分かる。

それをまとめると、マッカーサーは幣原に順に次のような趣旨の話を語っている。

①自分は、誠心誠意を尽くして日本のためになることを企図している。〔昭和〕天皇に拝謁して以来、

「天皇を安泰にしたいと念じている」。
②報告によれば、ワシントンにおける極東委員会の討議の内容は「実に不愉快な」、「総理の想像に及ばない程日本にとって不快なもの」だった。
③極東委員会の設置により、自分はいつまで最高司令官の地位に留まれるかどうか疑わしくなり、その後の状況を考えると不安を感じている。たとえば、ソ連とオーストラリアは日本が敗戦の復讐戦を起こすことを危惧して、極力これを防止しようと躍起である。
④日本国憲法のGHQ草案は、天皇が帝位に留られることを規定しているから日本案と主旨が同じである。むしろ、米国案は天皇護持の為に努めている。
⑤GHQ草稿のベーシック・フォーム（根本形式）は、天皇の地位を定めた第一条と戦争放棄を定めた第九条である。
⑥第一条で主権在民を明記したのは、天皇が始祖から帝位を継承しているとする帝国憲法の規定から進歩した考え方であって、天皇は国民の信頼に依って位に居られるという趣意を明らかにしたものである、それによって天皇の権威は以前よりも高くなったと確信する。
⑦GHQ草案では、軍に関する規定を全部削除したが、その理由は、外国の思惑を考えたからである。もし、軍に関する条項を残したら、諸外国は、また日本は軍備の復旧を企てている、と考えるに極っている。
⑧日本の為を考えると、第二章の戦争の放棄の規定の通り、国策遂行の為にする戦争を放棄すると声明して日本は世界のモラル・リーダーシップを握るべきだ。

⑨「松本案の如くであれば世界は必ず日本の真意を疑」ってその影響は甚だ恐ろしい。そうなっては、日本の安泰を期することは不可能だ。だからこの際は、まず諸外国の反応に留意すべきであって、米国案を認容しなければ日本は絶好のチャンスを失うだろう。

（前掲『芦田均日記』①七八～七九頁）

マッカーサーの話を理解するためには極東委員会と松本案に関する知識が必要である。

## 極東委員会

極東委員会（FEC）とは、連合国（戦勝国）によって構成された委員会で、連合国軍の日本占領以降マッカーサーが指導してきた日本の占領政策を根本的に変更する可能性をもった非常に権限の強い組織であった。

遡って説明したい。

日本の降伏直後の一九四五年八月三〇日、連合国軍最高司令官ダグラス・マッカーサーは厚木飛行場に到着した。マッカーサーの任務は、日本国が受諾したポツダム宣言の条項の実施のために占領政策を行うことであった。

三日後の九月二日に日本が締結した降伏文書によって、彼は天皇と日本政府と大本営（天皇直属の最高統帥機関）の上に立つ者となり、日本の占領政策においてほぼ無限の権限を持った（同月一三日に大本営は廃止）。マッカーサーの上の存在は米国大統領と米国統合参謀本部だけであった。

　マッカーサーの統治方針については、アメリカにおける対日政策立案機関であるＳＷＮＣＣ《スウィンク》（国務省・陸軍省・海軍省三省調整委員会）が具体的な内容を決定していたが、同年六月の時点で決定した基本文書（ＳＷＮＣＣ１５０）では天皇の権能を停止した上での連合国軍による直接軍政の方針を取っていた。

　その直接軍政の方針は、八月一一日付けの改訂版から間接統治へと大きく変わった。それは、二発の原爆の投下（八月六日、九日）とソ連参戦（八月八日）によって日本の敗戦が目前となり、直接統治の準備が間に合わないという考慮によるものだった。

　そして、九月六日にトルーマン大統領が承認した正式文書（ＳＷＮＣＣ１５０／４）では、「天皇と日本政府の権威は最高司令官に従属」し、「最高司令官は、天皇を含む日本政府の機構を通して権限を行使する」として間接統治を明確にしたものの、「天皇と現日本政府が、アメリカ政府の目的の達成に向けた日本国内の発展的な変化に反対する場合には、その支持をコミットするつもりはない」と明言し、この基本文書を九月二四日付の各紙に報道させた。その意図は、天皇と政府が国内改革を阻害するなら米国は支持しないとして、両者が率先して国内の改革を進めるように強く求めるものだった（「『降伏後ニ於ケル米国初期ノ対日方針』説明」（昭和二〇年九月三〇日））。

多くの歴史書では、米国政府は占領当初から天皇と日本政府を利用する考えだったとされるが、現実には、当時天皇も政府も永続的に保証されたものではなかったのである。

一方、一〇月二日にＧＨＱ／ＳＣＡＰ（連合国軍最高司令官総司令部）が創設されると同時に、連合国による極東諮問委員会（ＦＥＡＣ）も設立されたが、この組織の機能はＧＨＱの占領行政に対して勧告を行うだけの機能であり、しかも、日本の占領方式を巡ってアメリカと対立したソ連は、これをボイコットしていたのでほとんどマッカーサーの占領行政にとって障害とはならなかった（古関『日本国憲法の誕生』九七～九八頁）。

ところが、一二月にモスクワで行われた米英ソ外相会議で、この極東諮問委員会を改組して極東委員会を設置することになった（モスクワ協定）。新制の極東委員会は、アメリカ、イギリス、インド、オーストラリア、ニュージーランド、中華民国、ソ連、フランス、オランダ、カナダ、フィリピンの一一カ国が参加し、日本管理に関する最高政策決定機関となった。すなわち、極東委員会は日本管理に関する政策・原則・基準を決定し、連合国軍最高司令官の行動や指令を検討する権限が与えられたのである。そして連合国軍最高司令官は極東委員会の下におかれて、委員会の指令を執行する任務を課せられた。

マッカーサーがこれに強く反発したために、当初東京に置かれることになった極東委員会はワシントンに置くことに変更されて、東京には、対日理事会（アメリカ、ソ連、英連邦、中華民国の代表により構成）が置かれることになった。対日理事会は連合国軍最高司令官の諮問に答え、彼に勧告と助言を行う機能を持った。

さらに、モスクワ協定によって「日本国の憲政機構の根本的変革」、つまり日本の憲法の改正については、極東委員会での事前の協議と意見の一致が必要になった。そして、その極東委員会は、憲法のGHQ草案に関して幣原とマッカーサーが会談した二月二一日から五日後の二月二六日から活動を開始することになっていたのである。

したがって、マッカーサーが提示したGHQ草案を早急に受け入れないと、直後に活動を始める極東委員会が日本の憲法の改正内容について介入することが目に見えていたのであった。

## マッカーサーに届いた極東委員会の「実に不愉快な」討議に関する報告の内容

それでは、マッカーサーに届いた「総理の想像に及ばない程日本にとって不快な」極東委員会の討議に関する報告とは、いったいどのような内容だったのだろうか。

今述べたとおり、極東委員会は二月二六日にワシントンで第一回総会が開かれるので、実際は、幣原との会談の時はまだ開かれていなかった。したがって、マッカーサーが受けた報告とは、極東委員会の討議の内容そのものではないはずである。

しかし、マッカーサーは、自分は日本のために誠心誠意考え、「天皇を安泰にしたいと念じている」という趣旨の発言に続けてこれを述べているから、彼が受けた報告とは、天皇や日本に関する極東委員会参加国の言動であることは間違いない。そう考えると思い当たるのが、同参加国の中でソ連やオーストラリア、ニュージーランドなどが天皇制の廃止を主張し、さらに、一月二二日にオーストラリアが連合国戦争犯罪委員会に対して提出した戦争犯罪人名簿に天皇も犯罪人として含まれていたことである。

これらの事実を踏まえると、マッカーサーに報告された極東委員会の討議の「実に不愉快」な内容とは、ワシントンに於いて極東委員会の参加国が行っている、日本の新しい憲法は、天皇制を廃したものとすべきとする議論や天皇を戦争犯罪人として裁くという議論におそらく間違いないであろう。そうでなければ、マッカーサーは、「総理の想像に及ばない程日本にとって不快」という最大級の形容句を以て語るはずがない。

## 「世界が必ず日本の真意を疑」う松本案

それでは、一方の憲法改正の松本案について、マッカーサーは、なぜそれが「世界は必ず日本の真意を疑」うと述べたのだろうか。

松本案とは、「はじめに」で述べた通り、憲法草案の提出を要求していたGHQに対して日本政府が提出した「憲法改正要綱」（「松本甲案」）のことである。これは、憲法問題調査委員会の委員長であった松本烝治国務大臣が、一九四五年一二月三〇日から翌年一月三日夜に掛けて単独で鎌倉の別荘で起草したものをベースにしたものだった（古関『日本国憲法の誕生』八二頁）。

GHQ草案が、直接的にはGHQ民政局が組織立てた憲法起草委員会の総力を挙げて七日間集中的に議論して起草されたものに対して、松本案は、正月を挟んだわずか四日間のうちに松本個人が起草したものであった。したがって、政府案として正式に決定したものではなく、私案だった。しかも、改正憲法の逐条の草案ではなく、帝国憲法全七六条の内の半分に満たない三四箇所についての文言の修正や変更、削除等、小幅な改正のポイントを列挙したものだった。そのような中途半端な憲法草案をGHQに提出した日本政府の対応は遺漏のそしりを免れない。しかし、後述するように、松本が「憲法改正要綱」を起草していた当時、幣原は肺炎で病の床に在ったので、結果としてこのような中途半端なものをＧＨＱに提出することになったのかもしれない。さらに、憲法九条幣原発案説の見地に立てば、もともと幣原は、松本案がＧＨＱに受け入れられるとはとても考えられないと予想しつつ提出したとも考えることができる。

それでは、マッカーサーが憲法草案の要点としている天皇と軍・戦争の規定について、松本案ではいったいどうなっていたのかというと、次の通りであった。松本案による変更を反映した後の条文で比較したい（変更部分を傍線で示す）。

〈天皇について〉

【統治権】

●帝国憲法　第一条　大日本帝国ハ万世一系ノ天皇之ヲ統治ス

○松本案　大日本帝国ハ万世一系ノ天皇之ヲ統治ス〔変更無し〕

【天皇の不可侵】

●帝国憲法　第三条　天皇ハ神聖ニシテ侵スヘカラス

○松本案　天皇ハ至尊ニシテ侵スヘカラス

〈軍・戦争について〉

【統帥権】

●帝国憲法　第一一条　天皇ハ陸海軍ヲ統帥ス

○松本案　天皇ハ軍ヲ統帥ス

●帝国憲法　第五五条　国務各大臣ハ天皇ヲ輔弼シ其ノ責ニ任ス

○松本案　国務各大臣ハ天皇ヲ輔弼シ帝国議会ニ対シテ其ノ責ニ任ス
且軍ノ統帥ニ付亦同シ

【軍の編成と兵力】

●帝国憲法　第一二条　天皇ハ陸海軍ノ編制及常備兵額ヲ定ム

○松本案　軍ノ編制及常備兵額ハ法律ヲ以テ之ヲ定ム

【開戦と講和】

●帝国憲法　第一三条　天皇ハ戦ヲ宣シ和ヲ講シ及諸般ノ条約ヲ締結ス

○松本案　〔右に関して〕戦ヲ宣シ和ヲ講シ〔中略〕条約ヲ締結スルニハ帝国議会ノ協賛ヲ経ルヲ要スルモノトス・・

【兵役の義務】

●帝国憲法　第二〇条　日本臣民ハ法律ノ定ムル所ニ従ヒ兵役ノ義務ヲ有ス

○松本案　日本臣民ハ法律ノ定ムル所ニ従ヒ公益ノ為必要ナル役務ニ服スル義務ヲ有ス

【戦時又は国家事変の場合の天皇大権】

●帝国憲法　第三一条　本章ニ掲ケタル条規ハ戦時又ハ国家事変ノ場合ニ於テ
天皇大権ノ施行ヲ妨クルコトナシ

〇松本案　（本条文を削除）

（国立国会図書館デジタルコレクション収録資料）

右のとおり、松本案では、天皇に関する規定はまったくと言って良いほど変わっていない。軍・戦争に関しては、松本案では、開戦と講和については帝国議会の協賛が必要とされたが、統帥権は依然として天皇が持つとされた。

ただし、統帥権について、帝国憲法では「天皇ハ陸海軍ヲ統帥ス」とあるのを松本案では「天皇ハ軍ヲ統帥ス」と変更して、「陸海軍」を単に「軍」とした。それは、今後日本が軍隊を持つ場合に、連合国としても日本国としても、従来のような大規模な陸海軍の設置を認められるべくもないと考えたからであった（「憲法改正要綱」と共にGHQに提出した「憲法中陸海軍ニ関スル規定ノ変更ニ付テ」にその説明がなされていた）。

また、統帥権については、戦前は陸軍参謀総長または海軍軍令部長が天皇を補弼《ほひつ》（天皇の行為について、採納を奏請し、その全責任を負うこと）したが、松本案では国務各大臣が補弼することに変更し、あわせて、戦時又は国家事変の場合の天皇大権の規定を削除することで戦前のような軍部の独走を防ぐことができるとした。

一方、帝国憲法が国民に課した「兵役ノ義務」（帝国憲法第二〇条）は、「公益ノ為必要ナル役務ニ服スル義務」と表現を変えて残した。

松本案は、このように帝国憲法に対して、開戦や講和に於いて帝国議会の優位性を確保して軍部の独走を防ぐ配慮をする一方で、帝国憲法における天皇の地位は同一、統帥権に関しても「陸海軍」を「軍」に言い換えたにすぎず、徴兵制も残したものであった。

しかし、極東委員会が憲法改正の大前提としたのは日本から軍国主義を駆逐することを求めたポツダム宣言であった。したがって、松本案（「憲法改正要綱」）を基礎として日本政府が改正憲法を起草したら、委員会参加国から厳しい反発が起こることは免れないことであった。

## 幣原が閣僚に説明したＧＨＱ草案に関するマッカーサーの意図

極東委員会と松本案の理解を踏まえた上で、マッカーサーが幣原に説明したＧＨＱ草案起草の意図を改めて振り返ろう。

マッカーサーによれば、ＧＨＱ草案の主旨は第一条と第九条、すなわち、象徴天皇と主権在民、そして戦争の放棄をセットにすることによって、天皇の地位を安泰にし、かつ、各国に日本が再び侵略戦争を行う意図はないことを明らかにするところにあった。そして、GHQ側で草案完成と日本政府への提示を急いだのは、目前に迫った極東委員会の活動開始と同委員会の憲法改正への介入の機先を制するためであった。

極東委員会が活動を開始すると、同委員会では、天皇制の廃止という「総理の想像に及ばない程日本にとって不快な」議論に基づく憲法の改正への介入が生じる可能性がある、そうならないために、憲法の改正について、天皇制の維持と戦争放棄を最重要点とするGHQ草案の採用が日本にとって絶好のチャンスである、戦前の帝国憲法とまったく変わらず天皇が軍を統帥することを定める松本案では、世界は必ず日本の真意を疑い、極東委員会の議論に甚だ恐ろしい影響を与えるだろう、そうなっては、天皇と日本の安泰を期することは不可能である、というのである。

閣議に対するマッカーサーとの会談の内報を報告した幣原は、最後に「第一条と戦争抛〔放〕棄とが要点であるから其他については充分研究の余地ある如き印象を与えられた」と述べた。それがすべてを物語っていた。

## ＧＨＱ側の資料による裏付け

このことは、ＧＨＱ側の資料に次の事実が記録されていることから裏付けられる。

一九四六年二月一三日、ＧＨＱのホイットニー民政局長がケーディスらを伴って外務大臣公邸を訪れた。そこには、同年二月八日に松本案をＧＨＱに提出した日本政府側の吉田茂外務大臣、松本烝治国務大臣、白洲次郎終戦連絡事務局次長、長谷川元吉通訳官が、その案に対するＧＨＱ側の回答を受けるために待機していた。

ホイットニーは日本側に「先日あなた方が提出された憲法改正案は、自由と民主主義の文書として最高司令官が受け容れることのまったく不可能なものです」と口火を切ってＧＨＱ草案を手交し、「あなた方が自由にこの文書を検討し討議できるように」と離席して庭に出た。

三〇数分後、日本側の連絡を受けて部屋に戻ったホイットニーは次のように述べた。

〔マッカーサー〕最高司令官がこの文書〔ＧＨＱ草案〕をあなた方に提示しようと考えるにいたった真意と理由とについて、若干説明を加えたいと思います。最高司令官は、最近各党が公にした政綱が憲法改正を主たる目的としていることを知り、また国民の間に憲法改正が必要だという認識が次第に高まっていることを知りました。国民が憲法改正を獲得できるようにするというのが、最高司令官の意とするところであります。

あなた方が御存知かどうか分かりませんが、最高司令官は、天皇を戦犯として取調べるべきだという他国からの圧力、この圧力は次第に強くなりつつありますが、このような圧力から天皇を守ろうという決意を固く保持しています。これまで最高司令官は、天皇を護ってまいりました。それは彼が、そうすることが正義に合すると考えていたからであり、今後も力の及ぶ限りそうするでありましょう。しかしみなさん、最高司令官といえども、万能ではありません。けれども最高司令官は、この新しい憲法の諸規定が受け容れられるならば、実際問題としては、天皇は安泰になると考えています。さらに最高司令官は、これを受け容れることによって、日本が連合国の管理から自由になる日がずっと早くなるだろうと考え、また日本国民のために連合国が要求している基本的自由が、日本国民に与えられると考えております。

〔略〕みなさん、最高司令官は、この文書によって、敗戦国である日本に、世界の他の国々に対し、恒久的平和への道を進むについての精神的リーダーシップをとる機会を提供しているのであります（高柳・大友・田中編著『日本国憲法制定の過程—連合国総司令部側の記録による』I、三二三〜三二九頁）。

実際の経過の順序は、ホイットニーが吉田外相等にGHQ草案を手交した際にGHQ側の作成の意図を説明した方が先であって（一九四六年二月一三日）、その後の同月二月二一日にマッツカーサーと幣原の会談が行われたのであった。マッカーサーは、ホイットニーが先に吉田や松本に説明した憲法のGHQ草案と天皇の地位の安泰との関係に関して、戦争放棄条項との関わりの中でより詳しく幣原に説明したのであった。

## 幣原の枢密院におけるGHQ草案の説明

そして、この主旨は、幣原もよく腹に落ちた。それは、幣原内閣がGHQ草案による「憲法改正草案要綱」を発表した同年三月六日から二週間後の同月二〇日に彼が枢密院で非公式に次のように説明したことから明らかである。

草案の中特に重要なる点は国体の本義に関係する第一〔条〕と戦争の抛棄を宣言した第九〔条〕であると思う。〔中略〕尚申添えたきは二月末頃からの国際状勢である。其後の新聞電報に依れば極東委員会が日本の今回の憲法草案が突如発表されたことに対し不満の意を洩らして居るようである。御承知の通り極東諮問委員会は改組されて極東委員会と対日理事会の二つになったが、極東委員会と云うのは恰も国内に於ける国会の如く極東問題処理に関しては其の方針政策を決定する強力なる機関であり実力を有するものであって、之が二月二十六日ワシントンに開催され其の際日本憲法草案の発表に関する議論があり、マ〔ッカーサー〕司令官の態度を非難するが如き様子が見えたのではないかと思う。マ司令官は其の為に急に憲法草案の発表を急ぐことになったものの如く、マ司令官は極めて秘密裡に此の草案の取纏めが進行し全く外部に漏れることなく成案を発表し得るに至ったことを非常に喜んで居る旨を聞いた。此等の情勢を考えると今日此の如き草案が成立を見たことは日本の為に誠に喜ぶべきことで、もし時期を失した場合には我が皇室の御安泰の上からも極めて懼〔怖〕るべきものがあったように思はれ危機一髪とも云うべきものであったと思うのである（国立国会図書館「日本国憲法の誕生」3-24「枢密院における幣原首相の憲法草案説明要旨」一九四六年三月二〇日。原文漢字カナ混じり文、傍線本書著者）。

## 極東委員会の反発と承認

「はじめに」で述べた通り、一九四六年三月六日に日本政府がGHQ草案に基づく「憲法改正草案要綱」を発表し、ほぼ同時にマッカーサーはそれを全面的に支持する声明を出したが、これらのことは、極東委員会はおろか、米国国務省としても寝耳に水だった。

そして、マッカーサーが即座に声明を出したことから、日本の憲法改正については極東委員会での事前の協議と意見の一致を必要とするというモスクワ協定に彼が違反したのは明白だった。極東委員会は、これから始まる同委員会の権限の下でポツダム宣言を前提としつつ日本国民に十分に考える時間を与えて憲法の改正を行わせようとしていた矢先に、すでに憲法草案の条文まで完成したことを不快に思った。そのために同委員会は、新憲法の最終草案がポスダム宣言等に一致するかどうかを確認するために、日本の制憲議会前に極東委員会に草案の内容を検討する機会が与えられることを希望する、という政策決定を行った。

この極東委員会の決定に対してマッカーサーは次の通り主張した。

自分は極東委員会の政策決定に従っている、極東委員会の憲法改正に関する権能はポツダム宣言及び降伏条項の枠内で指導的政策を作成することに限定される、しかし、極東委員会からそのような政策の表明がない場合は、最高司令官は同委員会から何らの制限を受けるものではない、と（西前掲書二三六〜九頁）。

極東委員会の要求は、もはや後の祭りだった。聞く耳を持たないマッカーサーはＧＨＱ憲法草案を自賛しており、日本国民の多くもまたＧＨＱ草案に基づく「憲法改正草案要綱」に賛意を示していた。

その結果、極東委員会は、五月一三日に「新憲法採択の諸原則は、最終的に採択された時点で、この憲法が『日本国民の自由に表明せる意思』〔ポツダム宣言にある文言〕を保証するものでなければならない」とし、この目的のために、①「審議のための充分な時間と機会」、②「明治憲法との法的持続性」、③「憲法に対する国民の自由意思の表明」が必要であるとする「新憲法採択の諸原則」を決定した（古関『日本国憲法の誕生』二三八頁）。

マッカーサーもそれを了承したことで、極東委員会は事実上ＧＨＱ草案を日本国憲法の草案とすることに承認を与えたのであった。

# 第三章
# マッカーサーと幣原喜重郎の芝居

話を戻すが、第一章で述べた通り、「マッカーサーの三原則」は、実は「原則」ではなく彼の「希望事項」であり、完成したＧＨＱ草案は、この希望事項に必ずしも沿った内容ではなかった。これによって憲法九条の発案者＝マッカーサー説の根拠が大きく崩れた。その根拠とは、芦田均の日記やマクマホン・ボールの日記に記された幣原＝マッカーサー会談の内容の信憑性である。

## 『芦田均日記』に記された幣原の芝居

芦田日記に芦田が書き残した幣原の発言で信憑性が疑わしい部分がある。それはまさに序章で引用した一九四六年二月二一日の日記の次の箇所である。改めて正確に引用すると次のとおりである。

（幣原に対するマッカーサーの発言）「日本の為に図るに寧ろ第二章（戦争放棄条項）の如く国策遂行の為にする戦争を放棄すると声明して日本がモラル・リーダーシップを握るべきだと思う」幣原はこの時語をはさんで「リーダーシップと言はれるが、恐らく誰もフォロワーとならないだろう」と言った。

マッカーサーは「フォロワーが無くても日本は失う処はない。之を支持しないのは、しない者が悪いのである」（と述べた）（前掲『芦田均日記』第一巻七九頁）。

実際に幣原とマッカーサーの間でGHQ草案の戦争放棄の議論があったとしても、その際に、マッカーサーが、「国策遂行の為にする戦争を放棄すると声明して日本がモラル・リーダーシップを握るべきだ」と言うはずがないし、幣原がそれに対して、「リーダーシップと言はれるが、恐らく誰もフォロワーとならないだろう」とも言うはずがない。その幣原の言葉にマッカーサーが「フォロワーが無くても日本は失う処はない。之を支持しないのは、しない者が悪いのである」と言うことも考えられないのである。したがって、この部分は完全に幣原が閣僚に対して演じた芝居である。

なぜそう言い切れるのか。

なぜならば、「国策遂行の為にする戦争を放棄する」とは、一九二八年の不戦条約の条文そのものだからである。

## 第一次世界大戦と「国家ノ政策ノ手段トシテノ戦争」の放棄を定めた不戦条約

不戦条約とは、一九二八（昭和三）年にパリで調印された戦争の違法化を定めた画期的な条約であり、当時の邦文での条約名では文字通り「戦争抛棄ニ関スル条約」である。

一九一四年から一九年まで四年半に渡って欧州全土を巻き込んだ第一次世界大戦は、その後の欧米人にとっての戦争観までも根本的に変えた大規模で悲惨な戦争であった。

しかし、我々日本人は当時も今も、このことに関する認識が薄い。たとえば、現代の日本語で書かれた歴史教科書や一般的な歴史書のどれをあたっても、第一次世界大戦によって生じた膨大な犠牲者の数についてはほとんど記載されていない。

現実には、第一次世界大戦は次のようなデータが示す未曽有の規模の戦争であった。

参戦国全二七か国の中で主な国が動員した兵力は、イギリスが六二〇万、ドイツが一三二五万、フランスが八二〇万、以上三か国の合計で二七六五万人。動員率（全人口に占める被動員者の百分率）は、ドイツとフランスが約二〇パーセント、イギリスが一三パーセントであった。戦死者は、イギリスが自治領諸国も含めて九〇万、フランスが一四〇万、ロシアが一七〇万、イタリアが五〇万、オーストリアが九〇万、ドイツは一八〇万を超え、以上の六か国で七二〇万人であった。ちなみに、日本の動員率は日清戦争で〇・六パーセント、日露戦争で二・三パーセント、「国家総動員」といわれた太平洋戦争で一一パーセントであった（戸部『逆説の軍隊』二一五〜二一六頁）。

第一世界大戦の終結後、欧州各国は、再びこのような悲惨な世界大戦を起こしてはならないという決意の下に国際連盟を設立した。

この国際連盟規約（ヴェルサイユ条約第一編）には、軍備の縮小、紛争の平和的解決、戦争の違法化、加盟国の領土保全と政治的独立の保障および規約違反国に対する制裁からなる集団的な安全保障の制度が盛り込まれたが、同規約における戦争の違法化とは、戦争そのものが違法とされたわけではなく、規約に定められた紛争の平和的解決に従わない場合に違法とされたのであった（高橋『国際組織法』五頁）。また、国際連盟は米国のウィルソン大統領自身が提唱したにもかかわらず、米国は不参加を決めた。世界政治への過剰な介入を望まない米国議会が反対したからである。

このように国際連盟ができて戦争の違法化が進んだとはいえ、まだまだ部分的で不十分なものであった。そこで、戦争の惨禍の記憶から平和を強く希求する欧米各国の市民は、戦争を全面的に禁止する条約の締結を求めた。その帰結が、フランス外務大臣のアリステッド・ブリアンとアメリカ合衆国国務長官のフランク・ケロッグが旗振り役を務めて実現した不戦条約（パリ不戦条約、ケロッグ・ブリアン条約、または、ブリアン・ケロッグ規約とも呼ぶ）であった。その加盟国数は六〇カ国。戦前の独立国（七二カ国）の八割以上が当事国となった。

不戦条約は略称であり、繰り返しになるが、当時の日本語での条約名はまさしく「戦争抛棄ニ関スル条約」だった。ただし、条約の原文を現代の日本語に翻訳すると「国策の手段としての戦争の放棄に関する一般条約（General Treaty for Renunciation of War As An Instrument of National Policy）」である。不戦条約では、条約名のとおり、その第一条で、締約国は「国際紛争解決ノ為戦争ニ訴フルコトヲ非」とし、「国家ノ政策ノ手段トシテノ戦争ヲ抛棄」して（第一条、戦争の放棄）、紛争や紛議は、「平和的手段ニ依」って解決を求めることを約束した。なお、不戦条約は、各国の自衛権を制限するものではない。そのことは、この条約に対する米国の公文（意思を表示する文書）にも明記された。

日本国もこの条約の締結の主唱国の一国として参加したので、条約前文には、条約締結の全権委員を任命する各国の元首の一人として「日本国皇帝」の名が掲げられている。そして、不戦条約に言う「国家ノ政策ノ手段トシテノ戦争」とは、マッカーサーが幣原に言ったとされる「国策遂行の為にする戦争」とまったく同じ意味の戦争である。

## 不戦条約と幣原外相

さらに、不戦条約すなわち「戦争抛棄ニ関スル条約」は、外交官だった幣原が外務大臣であった一九二九（昭和四）年に批准書を米国に寄託し、公布したものであった。したがって幣原は不戦条約について熟知していた。実際の例を挙げれば、幣原は満州事変勃発当時の一九三一（昭和六）年まで外相を務めているが、事変勃発に対して不戦条約と国際連盟規約に則って事件不拡大と平和的解決を図ったし（前掲『幣原喜重郎』四七三頁）、米国国務長官スティムソンも不戦条約を重んじる幣原を絶対的に信頼していたのであった（同書四八五頁）。

したがって、不戦条約の内容を熟知する幣原が、もし本当にマッカーサーとの会談の中で、マッカーサーから「国家の政策の手段としての戦争の放棄の声明」を勧められたのであれば、幣原は特に驚くことはなかったし、反論する必要もなかった。ましてや、その時彼がマッカーサーに「恐らく誰もフォロワーとならないだろう」と言うはずがない。なぜなら、不戦条約の加盟国として、当時の独立国の八割以上の国がすでに「フォロワー」になっていたのだから。

現に、この幣原の閣議報告を日記に記した芦田自身も外交官出身だから不戦条約のことは承知していたので、彼は、幣原の報告に対して次のように発言したと日記に追記している。

「戦争破棄といい、国際紛争は武力によらずして仲裁と調停により解決せられるべしと言う思想はすでにケロッグ協定〔不戦条約〕と国際連盟規約に於いて吾が政府が受諾した政策であり、決して耳新しいものではない」（前掲『芦田均日記』①八〇頁）と。

## 不戦条約と東京裁判とフィリピン憲法

それでは、マッカーサーは「国策遂行の為にする戦争を放棄する」ということが不戦条約に謳われていることを知っていたのか、と問われれば、当然知っていた。

その根拠を挙げれば、マッカーサーは、一九四六年一月一九日に「極東国際軍事裁判所条例」を承認し、戦争犯罪人のための審問・処罰のための裁判所を設置している。同条例では、戦争犯罪人を①平和に対する罪、②通例の戦争犯罪、③人道に対する罪の三つに分けており、このうちの①平和に対する罪は、まさに不戦条約に違反して戦争に訴えた違反行為とされたからである（『国際シンポジウム　東京裁判を問う』三七頁）。

また、序章で少し述べた通り、マッカーサーは一九三五年一〇月に軍事顧問としてアメリカの植民地だったフィリピンに赴任したが、ちょうどその頃、フィリピンは、前年に米国で成立したタイディングズ・マクダフイー法によって準備期間を経た十年後の独立を認められて、制憲議会で憲法（一九三五年憲法）を制定し、それに基づくコモンウェルス（独立準備政府）が成立した頃であった。このフィリピンの憲法における戦争放棄条項は不戦条約と文言を同一にしているのであって、その意味でもマッカーサーは不戦条約については理解していたのである。なお、マッカーサーのフィリピン憲法に対する知見については、序章で述べた通り、憲法九条マッカーサー発案説の根拠の一つとされているので章を改めて論じたい。

したがって、芦田日記の一九四六年二月二二日付けで記されている幣原の閣議報告におけるマッカーサーと幣原のやりとり、具体的には、マッカーサーが「日本の為に図るに寧ろ第二章〔戦争放棄条項〕の如く国策遂行の為にする戦争を放棄すると声明して日本がモラル・リーダーシップを握るべきだと思う」という発言と、それに対して、幣原が、「恐らく誰もフォロワーとならないだろう」と述べたこと、それに答えてマッカーサーが「フォロワーが無くても日本は失う処はない。之を支持しないのは、しない者が悪いのである」と言ったとするやりとりに関しては、文字通りとしてのこの言葉のやりとりは無かった、というのが結論である。

憲法九条マッカーサー発案説の大きな根拠の一つが崩れた。

## マクマホン・ボールの日記に記されたマッカーサーの芝居

憲法九条マッカーサー発案説のもう一つの根拠とされるマクマホン・ボールの日記についてはどうか。

今度は、これはマッカーサーの芝居であった。

その理由を説明したい。

改めて述べれば、マクマホン・ボールとは、前述した対日理事会の英連邦代表として一九四六年四月に来日したオーストラリアの外交官兼学者である。彼は翌年秋に離日するが、日記の問題の箇所とは、序章で述べた通り、一九四六年六月二五日の日記の後に記載されている、彼が自国のエヴァット外相宛に送信した電報の記載内容であった。

それは、その日の午前中に会見したマッカーサーとの話し合いの内容を伝えるレポートで、主なテーマは日本の憲法改正であった。

その電報には、マッカーサーが「憲法に関する日本人とのやりとりについて、率直に正直に詳しく話したい」と前置きをして述べた重要ポイントが列挙されている。改めて述べれば、その冒頭に次のような記載があった。

戦争放棄に関して、幣原はマッカーサーに、「どのような軍隊なら保持できるのですか」と尋ねた。マッカーサーは、「いかなる軍隊も保持できない」と答えた。幣原は、「戦争放棄ということですね」と言った。マッカーサーは、「そうです。あなたがたが戦争を放棄すると公言すれば、そのほうがあなたたちにとって好都合だと思いますよ」と答えた（リックス前掲書六六頁）。

しかし、マッカーサーは実際には、幣原にこんなことを言うはずがない。

なぜなら、マッカーサーが幣原に語ったとされる内容は「憲法に関する日本人とのやりとり」の中で語られたものであって、マッカーサーの個人的な意見を述べたものではない。そうであれば、GHQの憲法草案では自衛戦争は戦争放棄に含まれないから、幣原から「どのような軍隊なら保持できるのですか」と尋ねられたら、「自衛のための最低限の軍隊しか保持できない」と答えるはずである。

それに対して、「いかなる軍隊も保持できない」と回答するのは、「マッカーサーの三原則（希望事項）」の説明ならまだ分かるが、GHQ憲法草案の説明としてはありえない。しかも「三原則」はマッカーサー自身が機密事項と定めていたものであって、彼がそれを自ら破り、幣原に伝えるはずもない。

また、それに対する幣原の答えとされる内容もピントが外れている。「いかなる軍隊も保持できない」ということを確認する言葉であれば、それは、「戦争放棄ということですね」ではなく

「戦力不保持ということですね」が正解である。また、戦争放棄とは、前述した不戦条約の内容の通り、当時の常識としては、「国家ノ政策ノ手段トシテノ戦争ヲ放棄」を意味しており、自衛戦争は含まれないから、その意味でも、そんな言葉を幣原が発するはずがない。

したがって、マッカーサーがボールに語った内容は矛盾に満ちたものであって実際に幣原との間で交わされた会話の内容と考えることは極めて困難である。

それでは、なぜマッカーサーはボールにそんないいかげんな話をしたのであろうか。

## 反日感情を背景とするオーストラリアの天皇制廃止の主張

それは、ボールが極東委員会の姉妹機関である対日理事会の英連邦代表であり、特に彼が、戦争中日本軍から過酷な仕打ちにあったために天皇制の廃止を主張するオーストラリアの外交官だったからであろう。マッカーサーは、オーストラリア人のボールを懐柔するために、自分も日本政府に対して厳しい姿勢を取ったという芝居をしたと考えられる。

戦争中の日本軍によるオーストラリアへの過酷な仕打ちとはいかなるものだったのかを説明しよう。

日本の開戦の翌日、対日戦争に参戦したオーストラリアに対して、日本軍は幾度も空襲を行い、特に北部のダーウィン空港は六〇回以上空爆して多くの民間人が犠牲になった。また、日本軍による捕虜虐待により、オーストラリア兵の捕虜の三分の一が死亡した。特に、タイとビルマを結ぶ泰緬鉄道の建設工事に使役されたオーストラリア兵の捕虜三千人のうち半分は栄養失調や赤痢などで倒れている。このような被害の結果、対日戦争で戦死したオーストラリア人の数は、対ドイツ戦とイタリア戦の犠牲者のほぼ二倍の一七五〇一名に上った（大阪大学文学部西洋史研究室「日本とオーストラリアの関係史」）。

そのために、敗戦後の日本に対してオーストラリア人は強い憤りと憎しみの念を持った。その激しさは、対日講和条約が締結された後オーストラリアに赴任した日本の大使が、戦死者を偲ぶ行事に献花する意思表示をした際、それならばその行事をボイコットすると同国の在郷軍人会が激しく抗議したり、戦争で一人息子を亡くした婦人が、自分が会ったアジア人が日本の大使夫人と知って卒倒したほどだった（西春彦『回想の日本外交』一四六、一五二頁）。

対日理事会での英連邦の代表者にオーストラリアの外交官が選ばれたことも、そのオーストラリアが天皇制を廃止すべきだと主張したのも、このようなオーストラリアの対日戦での膨大な犠牲者数と同国の日本に対する敵愾心を背景とするものだった。

## マッカーサーのボールに対する説明が芝居だった傍証

マッカーサーがボールと会見した際に話した戦争放棄の内容が芝居だったことを裏付ける傍証が二つある。

最初の傍証は、マッカーサーが戦争放棄に関してボールに話をした後、彼が日本の「政府案を承認する、とまず発表してしまったのは『大失敗』であった、と後悔している」と「告白」したことである。プライドの高いマッカーサーが反省の弁を述べるのは意外だが、それは、政府案を承認したマッカーサーを批判する極東委員会のメンバー国のオーストラリアに対する配慮の故であろう。

第二の傍証は、マッカーサーがその時、ボールに依頼したエヴァット外相宛の伝言である。その伝言とは、エヴァット外相が、新憲法には「二年以内の期限つきで憲法改正の機会をあたえなければならないという条項をつけよ」と主張していることを「致命的」として否定する伝言だった。彼は、その理由として、日本の新憲法には憲法を改正するための条項が入っているとした上で、万一その条項を入れれば、二年以内に強制的に憲法が改正され、日本は傀儡としての天皇を通した政府か、直接的に軍事独裁政府が樹立されるという「恐るべき代案」を取らざるを得なくなる、と述べている（リックス前掲書六六頁）。いずれの場合も日本が再びオーストラリアの脅威となるために同国としては絶対に認められないものであり、エヴァット外相の「二年以内の改正条項」の主張を取り下げさせるのに十分効果的なものだった。

このように、マッカーサーのボールとの会見やエヴァット外相への伝言は、オーストラリアにＧＨＱ草案を認めさせるために彼が演じた芝居であったというのが結論である。

以上によって、憲法九条マッカーサー発案説の第二の根拠である、憲法九条に関してマッカーサーと幣原の間に交わされたとする会話を記録した芦田日記の内容も、ボールの記録の記述もいずれも事実とは考えにくいことが明らかになった。

続いて、憲法九条マッカーサー発案説の第三の根拠、すなわち、戦争の放棄を謳った憲法九条と一九三五年に制定されたフィリピン共和国憲法の記述の類似性に関して次章で検証しよう。

# 第四章

# 憲法九条のフィリピン憲法起点説は議論上の「都市伝説」だった

本章では、憲法九条の発想が、フィリピンの一九三五年憲法に関するマッカーサーの知見を起点とするものである、との説に関して検討したい。

結論から先に述べると、この説は、如何にも事実のようで本当は誤りだという意味での議論上の「都市伝説」であった。

## フィリピンの一九三五年憲法

まずは、フィリピンの一九三五年憲法について説明しよう。

フィリピンは一六世紀後半にスペインの植民地となったが、米西戦争（アメリカ×スペイン戦争、一八九八年）でスペインがアメリカに敗れた後、アメリカが領有した。

一九三四年、米国でタイディングズ・マクダフィー法が成立し、準備期間を経た十年後にフィリピンが完全な独立国になることを認められた。翌三五年、フィリピンでは、この法律に基づいて制憲議会が開かれて憲法（一九三五年憲法）が制定され、一一月一五日にコモンウェルス（独立準備政府）が成立。フィリピンは米国の高等弁務官の下で大統領制の共和国政治を始めることになった。そして、マッカーサーは、その前月に軍事顧問としてフィリピンに赴任していた。

したがって、論者の指摘するとおり、マッカーサーがフィリピンのこの憲法の内容について知見を有することは間違いない。

問題は憲法の内容である。

フィリピンの一九三五年憲法の第二条第三項に問題の規定がある。その規定は左の通りである。

「第二条第三項
フィリピンは国策の手段としての戦争を放棄し（The Philippines renounces war as an instrument of national policy）、国際法の一般原則を国家の法律の一部に採用する」（原英文、邦訳、傍線本書著者）。

ところが、同条の前項（第二項）には、次のように自衛戦争は放棄しないことを明言する規定があるのである。

「第二条第二項
国家の防衛は政府の最も重要な義務である、そして、この義務の遂行において、すべての市民は、法律によって兵役もしくはその他の公的役務への従事を求められる場合がある」（同右）。

すなわち、フィリピン憲法は、国策の手段としての戦争は放棄するが、自衛戦争は放棄せず、しかも、自衛戦争の場合は、国民に兵役等の義務も求めていたのであった。

実は、この憲法を制定するために開かれたフィリピンの制憲議会では、第二条第三項にある「国策の手段としての戦争の放棄」の条文は明記すべきでない、という有力な議論もあった。なぜならば、この条文を憲法で謳った場合、たとえば強大な外国部隊からの侵攻を蒙った非常時にあっても、この条文を逆手にとって、自衛戦争は国策の手段による戦争に外ならないとして兵役に就くことを拒否する国民が出ないとも限らないし、その場合に彼に対して違法性を問えないのではないか、という疑念が生じたからであった。その懸念を払しょくするために、憲法では、第二条第二項に、自衛戦争における兵役その他の公的役務への義務を明記したのであった（新田「フィリピン憲法と戦争」）。

このように、フィリピンの憲法は「国策の手段としての戦争」は放棄するが、自国防衛を政府の最も重要な義務とし、国民には兵役その他の役務の参加も認めているのである。

## フィリピン憲法の戦争放棄の条項はスペイン国憲法がモデル

実は、フィリピン憲法にある「国策の手段としての戦争の放棄」を憲法で初めて謳ったのはフィリピンではなく、一九三一年に制定されたスペインの一九三一年憲法だった。

スペインは一五世紀後半にカスティリャ王国とアラゴン王国が合併してスペイン王国となり、一六世紀前半からはハプスブルグ家が、一八世紀からはブルボン家が支配した。その後の一九世紀後半、国王の継嗣者をめぐる政争の中で一時的に共和制となり、その後、王政の復活と王政下での軍事独裁政権を経て、一九三一年に再び共和制（第二共和制）が成立した。そのスペイン共和国が制定した一九三一年憲法では、第六条にフィリピン憲法とまったく同一の文言を用いて「スペインは国策の手段としての戦争を放棄する（Spain renounces war as an instrument of national policy）」と明記された。しかも、フィリピン憲法の第二条第三項の後段で謳われた国際法の一般原則の適用についてもスペイン憲法では第七条に謳われていたのである。

前述のとおり、フィリピンは、一八九八年の米西戦争以前はスペインの植民地であった。そのスペインがフィリピンに先立って一九三一年に共和国憲法を制定して共和国となったことから、フィリピンが独立に先立ち、共和国としての新憲法を制定する際に、その範をスペイン憲法に取ったのはまったく自然だったのである。

## スペイン憲法とフィリピン憲法の戦争放棄条項のモデルは不戦条約

　そのフィリピン憲法、そしてスペイン憲法の戦争放棄条項は、一九二八年の不戦条約に範を取ったものだった。この事実は、著者も指導を受けた憲法学の権威・元同志社大学長の故山本浩三名誉教授が今から三九年前の一九七九年の著書で指摘していたことであった（山本『憲法』三五頁）。

　不戦条約は、前述のとおり、その条約の原文は、「General Treaty for Renunciation of War As An Instrument of National Policy（国策の手段としての戦争の放棄に関する一般条約）であって、フィリピン国憲法とスペイン国憲法の条項と用語が一致している。フィリピン国もスペイン国も、憲法に国際法の一般原則を適用すると明記しているとおり、両国の憲法に於ける戦争放棄条項は、元をたどれば不戦条約の規定であった。

## フィリピン憲法の条文と異なるGHQ草案の用語

ところで、日本国憲法の戦争放棄条項のGHQ草案の原英文はどのような文言だったのであろうか。それは、現在の憲法九条の条文とは少し異なるものであり、具体的には次の内容であった。

第二章　戦争の放棄（Renunciation of War）

国の主権的権利としての戦争は放棄される。武力による威嚇または武力の行使は、国際紛争を解決する手段としては永遠に放棄される（War as a sovereign right of the nation is abolished. The threat or use of force is forever renounced as a means for settling disputes with any other nation）。

陸海空軍その他の戦力は決して認可されず、交戦権は国家に与えられない（No army, navy, air force, or other war potential will ever be authorized and no rights of belligerency will ever be conferred upon the State）。

（国会図書館「日本国憲法の誕生　GHQ草案」、原英文、邦訳・傍線本書著者）

日本国憲法のGHQ草案における「国の主権的権利としての戦争の放棄」は、フィリピン国憲法やスペイン国憲法さらには不戦条約における「国策の手段としての戦争の放棄」という条件を付けた放棄よりもはるかに徹底している。さらに、前者の「放棄」の原文は"abolish"であるのに対して、後者の「放棄」の原文は"renounce"であって用語も異なる。そして、前者の意味は、廃止する・終わらせる、後者の意味は、自発的に捨てる・断念する、と概念も若干異なる。

したがって、フィリピンの一九三五年憲法と日本国憲法の戦争放棄条項は、フィリピン憲法の成立の経緯からも、両憲法の内容論からも、両憲法に用いられた用語の不一致からも別物と言って良い。日本国憲法がフィリピン憲法を起点とするものだとの主張はまさに議論上の「都市伝説」である。

以上で、序章で述べた憲法九条マッカーサー発案説の根拠の三つの中の第二のマッカーサー説を裏付けるとする日記類と、第三の憲法九条がマッカーサーのフィリピン憲法に関する知見に基づくという根拠が成り立たないことが明らかになった。

それでも、第一の根拠であるマッカーサーの「三希望事項」のⅡの「戦争の放棄」はマッカーサーによるものだから、やはり憲法九条は彼が発案したのではないだろうか、という疑問が残る。

第五章

# マッカーサーの「三原則（希望事項）」のⅡの「戦争の放棄」は幣原の発案だった

結論から述べよう。マッカーサーの「三原則」、実は「三希望事項」のⅡの「戦争の放棄」はマッカーサーが発案したものではなくて、幣原首相がマッカーサーに秘密裡に依頼したものだった。

その根拠はいくつもある。それをこれから説明しよう。

## マッカーサーが考えるはずのない自衛戦争の放棄

まず、マッカーサーの「三希望事項」の「Ⅱ　戦争の放棄」を改めて確認したい。

Ⅱ

①国家の主権的権利としての戦争は放棄される。
②日本は、国際紛争を解決する手段として、さらに国家の安全を確保するための自衛の手段としてさえも、戦争を放棄する。
③日本の安全は、現在の世界に勃興している、国家の防衛とその保護のためのより高い理想に依拠する。
④日本の陸軍、海軍、空軍は決して認可されない、そして、交戦権は日本の軍には決して与えられない。

（項目の番号付けは本書執筆者）

いま再掲示した「Ⅱ　戦争の放棄」の少なくとも②項の中の「国際紛争を解決する手段としての戦争の放棄」に限定すれば、既述の通り、この条文は一九二八年の不戦条約の内容に準じるものであり、スペイン共和国憲法やフィリピン憲法にも前例があり、これだけをとって日本国憲法草案に盛り込むようにマッカーサーが考えたとするのは十分あり得ることである。

しかし、問題になるのは、①の国家の主権的権利としての戦争の放棄と、②における国家の安全を確保するための自衛の手段としての戦争の放棄、である。論理的に考えれば、②において国際紛争を解決する手段としての戦争に加えて自衛戦争まで放棄することから①の国家の主権的権利としての戦争の放棄に帰結するのだから、②は①の説明的事項である。③は、自衛戦争の放棄を前提とする日本の安全保障戦略と考えられ、④は自衛戦争を行わないことを確保するための軍隊の不所持と交戦権の否認と見なされる。したがって、マッカーサーの「三原則（希望事項）」のⅡの「戦争の放棄」の全体の趣旨は自衛戦争まで含めた戦争の放棄である。

このⅡの「戦争の放棄」全体について、マッカーサーがこのような考えを発案したとは、到底考えられない。

なぜなら、もしマッカーサーが自衛戦争の放棄を発案したのであれば、まず彼はその考えについて強いこだわりを持つはずである。しかし、第一章で述べた通り、実際は彼の部下のケーディスが、どの国家にも自己保存の権利がある、自衛戦争の放棄まで憲法に規定すれば、日本は攻撃されても自らを守ることができなくなり、このようなことは現実的ではない、と考えて自衛戦争の放棄に関する記述を勝手に削除したGHQ草案を作成し、マッカーサーはそれを了承している。そのこと自体が、自衛戦争の放棄に関してマッカーサーにはこだわりがなかったことを示しているのである。

さらに、ケーディスが現実的でない、として自衛戦争の放棄の文言を削除したのに、ケーディスの上官で、国民に武器の保蔵と携帯の権利を保障する憲法（修正第二条）を持つ米国の代表的な軍人であるマッカーサーが、自衛戦争を放棄しても国家が安全を保てると認識していたとはとても考えられない。

## 敗戦国ドイツとイタリアの戦後憲法の戦争の放棄条項

自衛戦争が国家を安全に保つための国の基本的権利として認められることは、日本と三国軍事同盟を結んで第二次世界大戦を戦って敗れたドイツとイタリアで敗戦後に成立した憲法の条文を見ても明らかである。両国ともに連合国の占領下で行われた制憲会議で採択された憲法なのである。

まず日本から約一年遅れの一九四七年に採択されたイタリア共和国憲法の戦争に関する条文

を確認しよう。

## イタリア憲法

イタリア共和国憲法（一九四七年一二月二七日制定）

第一一条　イタリア国は、他国民の自由を侵害する手段として、および国際紛争を解決する方法として、戦争を否認し、他国と互いに均しい条件の下に、諸国家の間に平和と正義とを確保する秩序にとって必要な主権の制限に同意し、この目的を有する国際組織を推進し、助成する。

第五二条　祖国の防衛は、市民の神聖な義務である。
兵役は、法律の定める制限および態様において、義務的である。その履行は、市民の労働の地位または政治的な諸権利の行使を害することはない。
軍隊の秩序は、共和国の民主的精神にもとづいて作られる。

（『世界憲法集』一一〇頁、一一二～一一三頁）

イタリア共和国憲法では、「他国民の自由を侵害する手段」と「国際紛争を解決する方法」としての戦争を否認する（一一条）一方で、「祖国の防衛は、市民の神聖な義務」として自衛戦争を明示的かつ積極的に認め、兵役も「義務的」として徴兵を可能としている（五二条）。ただし、憲法上に軍隊は明記されていない。

## ドイツ憲法

次にドイツである。敗戦後のドイツは、ソ連と米英仏三国によって分断占領され、米ソの冷戦の激化の中で一九四九年に米英仏の占領地が西ドイツとして、ソ連の占領地が東ドイツとして建国された。ここでは一九四九年に公布された西ドイツの憲法（ドイツ連邦共和国基本法）の戦争に関する条文を見てみよう。この憲法は、将来東西ドイツが統一した時に改めて憲法を制定する意図によって「基本法」とされたのだが、東西ドイツの統一（一九九〇年）後の現在も一部改正された上でそのまま有効である。

ドイツ連邦共和国基本法（一九四九年五月二三日公布）

第二六条（一）諸国民の平和的な共同生活を妨害するおそれがあり、かつ、このような意図でなされた行為、とくに、侵略戦争の遂行を準備する行為は違憲である。これらの行為は処罰されなければならない。

（二）戦争遂行用の武器は、連邦政府の許可をえてのみ、これを製造し、運搬し、かつ、取引することが許される。詳細は、連邦法律で、これを定める。

（参考）第四条（三）何人も、その良心に反して、武器をもってする戦争の役務を強制されてはならない。詳細は、連邦法律でこれを定める。

第一二a条（一）男子にたいしては一八歳から軍隊、国境警備隊、または民間防衛団における役務に従事する義務を課することができる。

（二）良心上の理由から、武器をもってする戦争の役務を拒否した者は、これに代役に従事する義務を課することができる。代役の期間は、兵役の期間をこえてはならない。詳細は、法律で、これを定める、法律は良心の決定の自由を侵害してはならず、かつ、軍隊および連邦国境警備隊となんら関係のない代役の可能性をも規定しなければならない。

（前掲『世界憲法集』一七〇頁、一六〇頁、一六四頁）

西ドイツの憲法では、ナチス・ドイツの反省から、侵略戦争だけでなく、諸国民の平和的な共同生活を妨害するおそれがあり、かつ、このような意図でなされた行為、特に侵略戦争の遂行を準備する行為を違憲としている（二六条一項）。憲法に自衛戦争を認めることは明示的には書かれていないが、連邦政府の許可による戦争遂行用の武器の製造、運搬、取引を認め（二六条二項）、徴兵も可能としており（第一二a条一項）、条文は紹介していないが、第一二a条の四項、六項では「戦争・非常状態」の女子の非軍事的役務への徴用やドイツ人の自由の制限に関して定めていることから、自衛戦争は国家の当然の権利として黙示的に認めていることが明らかかである。なお、ドイツ憲法は、いわゆる「良心的徴兵拒否権」を国民の権利としている（第四条三項、及び第一二a条二項）。また、この憲法では、イタリア憲法にはない軍隊という言葉が、国境警備隊や民間防衛団と共に記載されているが、憲法にはその位置付や他の防衛的組織との関係は記されていない。

以上のとおり、イタリア共和国憲法は「他国民の自由を侵害する手段」と「国際紛争を解決する方法」としての戦争を否認し、西ドイツの憲法では、侵略戦争とその遂行を準備する行為、「諸国民の平和的な共同生活を妨害するおそれがあり、かつ、このような意図でなされた行為」を違憲としている。繰り返すが、両国の憲法は連合国の占領下において成立した憲法であるが、いずれも明示的あるいは黙示的に自衛戦争を認めている。転じて日本の場合だが、ＧＨＱは、ドイツにもイタリアにも認めた自衛戦争という国家の基本的権利を日本には認めなかったのかというとまったくそうではなく、マッカーサーの「希望事項」には自衛戦争の放棄が確かにあったが、民政局の憲法起草者はその文言を意図的に削除して日本の憲法でも黙示的に自衛戦争を認め、それをマッカーサーも承認したことは繰り返し本書で述べたことである。

以上のＧＨＱ草案の制定経緯や占領下に成立したイタリアとドイツの憲法の例を考えると、マッカーサーの「三原則（希望事項）」の「Ⅱ　戦争の放棄」が、彼自身の発案とするのは極めて困難であり、あえていえば、それには無理がある。

## 日本国憲法ＧＨＱ草案における「自衛権・交戦権峻別論」

前項で述べた通り、マッカーサーの「希望事項」の「Ⅱ　戦争の放棄」が全体を通じて自衛戦争の放棄を趣旨としているのにもかかわらず、自衛戦争の放棄を除外した上で概ねその他の文章を取り入れてＧＨＱ草案としたために、同草案の「戦争の放棄」条項が意味の理解しにくいものに変容してしまったことを確認しておきたい。

その具体的な例は④の交戦権の否認である。

ＧＨＱ草案では、交戦権とは戦争をする権利なのか、戦時国際法で交戦国に認められている戦争中の権利（船舶の臨検、拿捕の権利など）なのかが明確でない。

自衛戦争も放棄する場合は、交戦権の否認は前者の戦争をする権利の不認であるのは当然としても、自衛戦争を認める場合には、後者の交戦国に認められている戦時の権利を否とするのは甚だ困難である。なぜなら、自衛戦争中に交戦国として通常認められる権利を認めないとするのでは自衛戦争が円滑に行えなくなり、本来目的とする自衛に困難を生じるからである。

それでは、ＧＨＱ自身は、この交戦権の否認をどう理解していたかといえば、それは「外交の手段として戦争を行う権利」を認めない、という意味であった。GHQが編纂した米国政府向けのレポート「日本政治の再編成　一九四五年九月〜一九四八年九月」の「新憲法の意義」の項に、交戦権の否認によって、外交の手段として戦争を行う日本の脅威がなくなった、という記述があるからである。自衛戦争ではなく、「戦争は姿をかえた政治である」というクラウゼヴィッツによる戦争の定義（金丸『教養政治学』二五〇頁）における戦争に限って、そのような戦争の交戦権を認めない、という意味なのである。

したがって、GHQ草案を元にした日本国憲法第九条第二項の「交戦権は、これを認めない」という条文は、外交の手段としての交戦権は認めないが自衛権は認める、という解釈こそが、本来的な、起草者の意図に随った解釈となる。これは、「自衛権・交戦権峻別論」というべきものなのであった。

## 「現在の世界に勃興している、国家の防衛とその保護のためのより高い理想」は当時のマッカーサーの国際情勢に関する認識とは異なる

マッカーサーの「三希望事項」の「Ⅱ　戦争放棄」③に「日本の安全は、現在の世界に勃興している、国家の防衛とその保護のためのより高い理想に依拠する」とあるが、当時のマッカー

サーが、日本が自衛戦争を放棄しても国の安全を依拠できるほどに世界に「国家の防衛とその保護のためのより高い理想」が勃興していたと認識していたと理解することもできない。

それは、彼の回顧録に目を通したらすぐに理解できる。たとえば同書には、占領当時、ソ連がいかに日本の領土を奪おうとする野心を抱いていたか、それに対してマッカーサーがどのようにそれを防いだのかが緊迫感をもって次のように綴られているのである。

ソ連は、占領当初から問題を起しはじめた。ソ連軍に北海道を占領させて、けっきょく日本を二つに分けろという要求を持出したのだ。ソ連軍は最高指揮官〔マッカーサー〕の指揮下に置かず、最高司令官の権限から完全に切離すべきだともいいはじめた。

私は真正面からそれを拒否したが、デレビヤンコ将軍は、ののしらんばかりの調子で、ソ連はかならず私を最高司令官の職から罷免させてみせるとおどし、私が承知しようがすまいが、ソ連軍はとにかく日本に進駐するとまで極限した。

そこで私は、もしソ連兵が一兵たりとも私の許可なく日本にはいったら、デレビヤンコ将軍自身も含めてソ連代表部の全員を即座に投獄してやるといってやった。

デレビヤンコ将軍は、それをじっと聞いていたが、自分の耳が信じられないといった表情で、ア然として私を見つめ、こんどはどうやら穏やかな調子で「全くの話、君ならそれをやってのけるだろうね」といった。

そこで彼は、くるりと向きをかえて出てゆき、この問題は沙汰やみとなった。

（前掲『マッカーサー大戦回顧録』四一六頁）

米英を中心とする西側諸国とソ連の間で冷戦の始まりが広く認識されるのは、一九四六年三月五日にイギリス首相のチャーチルが米国ミズーリ州フルトンでソ連圏でのソ連の支配を指摘した「鉄のカーテン」演説による。それは奇しくも、日本国政府がＧＨＱ憲法草案による「憲法改正草案要綱」を発表する前日であった。しかし、極東ではそれ以前に、米国を軸とするＧＨＱが勢力拡大を目論むソ連と厳しく対峙していたのである。マッカーサーの回顧録によれば、ソ連は現実に北海道を分割統治するよう彼に要求している。マッカーサーがそれを毅然として拒否したからこそ、分割統治は防げたのであった。当時の世界において「国家の防衛とその保護のためのより高い理想」が勃興しているとはとても言える状態ではなかったのである。

なお、敗戦直後の「世界に勃興している、国家の防衛とその保護のためのより高い理想」が具体的に何を指すかを述べれば、一九四五年に成立された国際連合の存在しかないであろう。しかし、国際連合は当時、戦勝国（連合国）間の組織であって、日本のような敗戦国に対しては敵国として門戸を開いていないし、日本がようやく国連への加盟が認められたのは、一九五一年に日本が独立を回復してから五年後の一九五六年になってからであった。

このような当時の国際関係の実態とマッカーサーの実体験を考えると、彼の述べた「日本の安全は、現在の世界に勃興している、国家の防衛とその保護のためのより高い理想に依拠する」という言葉が彼自身の考えに基づくものとすることは極めて困難である。

一方、これを国際政治の現実ではなく一つの理念と捉えるのであれば、それは第一章で論じた通り、制憲会議に参画した日本人の議員がＧＨＱ草案にわざわざ追加した「日本国民は、正義と秩序を基調とする国際平和を誠実に希求し」という文言と類似した理念的な国際関係の中に平和を求める理想ということができよう。それは、儒教でいう「四海兄弟」「仁者無敵」、もしくは仏教でいう「一切衆生悉有仏性」というような東洋的な感覚であろう。

そのような国際関係を理念的に捉えることについて、ケーディスは、欧米的な感覚ではないと感じたのであろう。

それでは、欧米的な感覚でとらえる国際関係とはどのようなものか。それはおそらく、Ｈ・モーゲンソー的な国際関係の理解、すなわち、無政府的な状態にある国際社会の中では、各国は独立と安全を追求するために「力の均衡」を維持する政策を取るという理解（金丸前掲書二五四頁）もしくは、アメリカの対外政策のバックボーンにある二項対立的な世界観であろう。

後者を説明すれば、アメリカの世界観は、伝統的にＡ対Ｂという二項対立的な観念に基づくものであった。

一八二〇年代のモンロー主義は、ヨーロッパ諸国を旧世界の君主国、自らのアメリカを新世界の共和国と位置付けて、アメリカは旧世界の国際関係から超然としているべきだという考えに基づいたものだった（有賀他『概説　アメリカ外交史』三頁）。二〇世紀初頭に大統領となったT・ローズヴェルト大統領は、世界を東半球と西半球に分けて、アメリカが西半球における支配的大国になることを目指して中南米諸国に「棍棒外交」を展開した（同書六四頁）。第一次世界大戦に参戦を決めたウィルソン大統領は、その戦争を帝国主義と軍国主義に対する自由のための戦いと位置付けた（有賀他『概説アメリカ史』一二七頁）。そして、第二次世界大戦では、F・D・ローズヴェルト大統領は、その戦争を全体主義の侵略国に対する民主主義諸国を守るための戦いと位置付けた。さらには、日本の敗戦後間もなく始まった冷戦に対しては、アメリカはソ連と国際共産主義を侵略的な全体主義とし、それに対抗して自由世界を守ると主張したのである（同書一五三頁）。

マッカーサーの「三希望事項」の「Ⅱ　戦争の放棄」に謳われている理念的な国際環境は、欧米流の「力の均衡」に基づく国際社会観やアメリカの二項対立的な世界観と異なるものであり、その点からもマッカーサーの発案であるとするのは困難なのである。

## 逝去直前の幣原からの聞き取りをまとめた「平野文書」の存在

そして、実は、幣原自身が、自分こそ憲法九条の発案者であり、自分がマッカーサーに対して、改正する憲法にその条項を入れるように秘密裡に頼んだのだと告白した聞き取り文書が存在している。

それは、自由党の衆議院議員で最晩年の幣原の側近だった平野三郎氏（その後、岐阜県知事を歴任、一九九四年逝去）が、幣原が心筋梗塞で急逝する二週間程前の一九五一（昭和二六）年二月下旬に幣原邸で二時間ほど憲法の戦争放棄条項や天皇の地位に関して幣原に質問し、幣原が回答した内容を同氏がメモしたものを基礎とするものである。

平野氏は、その内容について幣原から口外しないように言われたが、一九五六（昭和三一）年に憲法調査会が内閣に設置されると、氏はそのメモを整理して同会に提出する。同会事務局は、一九六四（昭和三九）年二月に「幣原先生から聴取した戦争放棄条項等の生まれた事情について―平野三郎氏記―」と題してその文書を活版印刷に付した。その印刷物は、当時同会事務局長を務めていた西沢哲四郎氏が収蔵していたが、西沢氏の逝去後の一九八六年に憲法調査会の資料一式の中の一文書として国会図書館に寄贈され、現在は、同憲政資料室の「『憲法調査会資料』西沢哲四郎旧蔵（請求番号一六五番）」として保存公開されている。

なお、この文書は、以前から研究者には存在が知られていたが、二〇一六年二月にテレビ朝日の報道ステーションで「スクープ」として報じられて以降は一般にも知られるようになり、同年五月には国連教育科学文化機関（ユネスコ）の世界記憶遺産にも日米独の市民らによって共同申請されたが、「政治的案件」として審査対象から外されている。本書ではこの文書を「平野文書」と略称する。

## 幣原が語った真相

「平野文書」によれば、平野氏が、憲法九条はマッカーサーの命令によるものと一般に信じられているが、それは幣原の独自の判断でできたものなのかを質問すると、幣原は次のように回答している。

大変重要なので幣原の回答の全文を次に引用する。


そのことは此処だけの話にして置いて貰わねばならないが、実はあの年（昭和二〇年）の暮から正月にかけ僕は風邪をひいて寝込んだ。僕が決心をしたのはその時である。それに僕には天皇制を維持するという重大な使命があった。元来、第九条のようなことを日本側から言いだすようなことは出来るものではない。まして天皇の問題に至っては尚更である。この二つは密接にからみ合っていた。実に重大な段階にあった。

幸いマッカーサーは天皇制を存続する気持を持っていた。本国からもその線の命令があり、アメリカの肚は決っていた。ところがアメリカにとって厄介な問題が起った。それは濠州〔オーストラリア〕やニュージーランドなどが、天皇の問題に関してはソ連に同調する気配を示したことである。これらの国々は日本を極度に恐れていた。日本が再軍備をしたら大変である。戦争中の日本軍の行動は余りに彼らの心胆を寒からしめたから無理もないことであった。殊に彼らに与えていた印象は、天皇と戦争の不可分とも言うべき関係であった。日本人は天皇のためなら平気で死んで行く。恐るべきは「皇軍」である。という訳で、これらの国々のソ連への同調によって、対日理事会の票決ではアメリカは孤立化する恐れがあった。

この情勢の中で、天皇の人間化と戦争放棄を同時に提案することを僕は考えた訳である。

濠州その他の国々は日本の再軍備を恐れるのであって、天皇制そのものを問題にしている訳ではない。故に戦争が放棄された上で、単に名目的に天皇が存続するだけなら、戦争の権化としての天皇は消滅するから、彼らの対象とする天皇制は廃止されたと同然である。もともとアメリカ側である濠州その他の諸国は、この案ならばアメリカと歩調を揃え、逆にソ連を孤立させることが出来る。

この構想は天皇制を存続すると共に第九条を実現する言わば一石二鳥の名案である。尤も天皇制存続と言ってもシムボルということになった訳だが、僕はもともと天皇はそうあるべきものと思っていた。元来天皇は権力の座になかったのであり、又なかったからこそ続いてきたのだ。もし天皇が権力を持ったら、何かの失政があった場合、当然責任問題が起って倒れる。世襲制度である以上、常に偉人ばかりとは限らない。日の丸は日本の象徴であるが、天皇は日の丸の旗を護持する神主のようなものであって、むしろそれが天皇本来の昔に還ったものであり、その方が天皇のためにも日本のためにもよいと僕は思う。

この考えは僕だけではなかったが、国体に触れることだから、仮りにも日本側からこんなことを口にすることは出来なかった。憲法は押しつけられたという形をとった訳であるが、当時の実情としてそういう形でなかったら実際に出来ることではなかった。

そこで僕はマッカーサーに進言し、命令として出して貰うように決心したのだが、これは実に重大なことであって、一歩誤れば首相自らが国体と祖国の命運を売り渡す国賊行為の汚名を覚悟しなければならぬ。松本〔烝治〕君にさえも打明けることの出来ないことである。したがって誰にも気づかれないようにマッカーサーに会わねばならぬ。幸い僕の風邪は肺炎ということで〔マッカーサー〕元帥からペニシリンというアメリカの新薬を貰いそれによって全快した。そのお礼ということで僕が元帥を訪問したのである。それは昭和二一年の一月二四日である。その日、僕は元帥と二人切りで長い時間話し込んだ。すべてはそこで決まった訳だ。（「平野文書」一二一～一五頁）

このような幣原の告白を聞いた平野氏は、幣原が進言した時にマッカーサーがどのように反応したのかを尋ねた。それについては、幣原は次のように答えている。

マッカーサーは非常に困った立場にいたが、僕の案は元帥の立場を打開するものだから、渡りに舟というか、話はうまく行った訳だ。しかし第九条の永久的な規定ということには彼も驚ろいていたようであった。僕としても軍人である彼が直ぐには賛成しまいと思ったので、その意味のことを初めに言ったが、賢明な元帥は最後には非常に理解して感激した面持ちで僕に握手した程であった。

元帥が躊躇した大きな理由は、アメリカの戦略に対する将来の考慮と、共産主義者に対する影響の二点であった。それについて僕は言った。

日米親善は必ずしも軍事一体化ではない。日本がアメリカの尖兵となることが果たしてアメリカのためであろうか。原子爆弾はやがて他国にも波及するだろう。次の戦争は想像に絶する。世界は亡びるかも知れない。世界が亡びればアメリカも亡びる。問題は今やアメリカでもロシアでも日本でもない。問題は世界である。いかにして世界の運命を切り拓くかである。日本がアメリカと全く同じものになったら誰が世界の運命を切り拓くか。

好むと好まざるにかかわらず、世界は一つの世界に向って進む外はない。来るべき戦争の終着駅は破滅的悲劇でしかないからである。その悲劇を救う唯一の手段は軍縮であるが、ほとんど不可能とも言うべき軍縮を可能にする突破口は自発的戦争放棄国の出現を期待する以外ないであろう。同時にそのような戦争放棄国の出現も亦ほとんど空想に近いが、幸か不幸か、日本は今その役割を果し得る位置にある。歴史の偶然はたまたま日本に世界史的任務を受け持つ機会を与えたのである。貴下さえ賛成するなら、現段階に於ける日本の戦争放棄は、対外的にも対内的にも承認される可能性がある。歴史のこの偶然を今こそ利用する秋〔時〕である。そして日本をして自主的に行動させることが世界を救い、したがってアメリカをも救う唯一つの道ではないか。

また日本の戦争放棄が共産主義者に有利な口実を与えるという危険は実際あり得る。しかしより大きな危険から遠ざかる方が大切であろう。世界はここ当分資本主義と共産主義の宿敵の対決を続けるだろうが、イデオロギーは絶対的に不動のものではない。それを不動のものと考えることが世界を混乱させるのである。未来を約束するものは、絶えず新しい思想に向って創造発展して行く道だけである。共産主義者は今のところはまだマルクスとレーニンの主義を絶対的真理であるかの如く考えているが、そのような論理や予言はやがて歴史の彼方に埋没して終うだろう。現にアメリカの資本主義が共産主義者の理論的攻撃にもかかわらずいささかの動揺も示さないのは、資本主義がそうした理論に先行して自らを創造発展せしめたからである。それと同様に共産主義のイデオロギーも何れ全く変貌して終うだろう。何れにせよ、ほんとうの敵はロシアでも共産主義でもない。このことはやがてロシア人も気づくだろう。彼らの敵もアメリカではなく資本主義でもないのである。世界の共通の敵は戦争それ自体である。（同書一一五～一一八頁）

平野氏は続けて幣原に、昭和天皇はGHQ草案についてどう考えたのか尋ねた。それに対して、幣原は次のように答える。

僕は天皇陛下は実に偉い人だと今もしみじみと思っている。マッカーサーの草案を持って天皇の御意見を伺いに行った時、実は陛下に反対されたらどうしようかと内心不安でならなかった。僕は元帥と会うときは何時も二人切りだったが、陛下のときは吉田〔茂〕君にも立ち会って貰った。しかし心配は無用だった。陛下は言下に、〔憲法については〕徹底した改革案を作れ、その結果天皇がどうなってもかまわぬ、と言われた。この英断で閣議も納った。終戦の御前会議のときも陛下の御裁断で日本は救われたと言えるが、憲法も陛下の一言が決したと言ってよいだろう。若しあのとき天皇が権力に固執されたらどうなっていたか。恐らく今日天皇はなかったであろう。日本人の常識として天皇が戦争犯罪人になるというようなことは考えられないであろうが、実際はそんな甘いものではなかった。当初の戦犯リストには冒頭に天皇の名があったのである。それを外してくれたのは元帥であった。だが元帥の草案に天皇が反対されたなら、情勢は一変していたに違いない。天皇は己れを捨てて国民を救おうとされたのであったが、それに依て天皇制をも救われたのである。天皇は誠に英明であった。

正直に言って憲法は天皇と元帥の聡明と勇断によって出来たと言ってよい。たとえ象徴とは言え、天皇と元帥が一致しなかったら天皇制は存続しなかったろう。危機一髪であったと言えるが、結果に於いて僕は満足し喜んでいる。

なお念のためだが、君も知っている通り、去年金森〔徳治郎〕君からきかれた時も僕が断ったように、このいきさつは僕の胸の中だけに留めておかねばならないことだから、その積りでいてくれ給え。

（同書一一八〜一一九頁）

はたして平野氏がまとめたこの幣原の回答が真実のものであったのか、次章以降で本格的に検証するが、その前に、朝鮮戦争勃発前にマッカーサーが憲法九条は幣原の発案であると発言した重要な証言が残っているので、それを紹介しよう。

## 朝鮮戦争勃発前のマッカーサーの憲法九条幣原発案発言

序章で述べた通り、憲法九条マッカーサー発案説の立場に立てば、後年にマッカーサーが憲法九条を幣原の発案だと証言した理由は、彼が朝鮮戦争を契機に日本に再軍備を命じたので、憲法九条の発案者が自分だと都合が悪いから、それを亡くなった幣原のせいにしたのだ、とするものであって、この「死人に口なし」説は憲法九条幣原発案説の有力な反論にもなっている。

ところが、実はマッカーサーは、朝鮮戦争勃発前に当の幣原を前にして憲法の戦争放棄条項は彼の発案だとする趣旨の発言をしていた証言がある。

それは、一九五〇（昭和二五）年五月三日、三度目の憲法記念日のことである。当時衆議院事務総長だった大池眞氏が、その日の出来事として、次のような手記を残している。

第七回国会（昭和二五年五月二日）の最終日に、「未帰還同胞の引揚促進並に実体〔態〕調査」等を国際連合を通じて行うことを懇請するという決議をしたので、翌五月三日憲法記念日式典終了後午後六時半、幣原〔衆議院〕議長は議会報告を兼ねて右決議文を手交するためにGHQにマックアーサー元帥を訪問した。この時にマックアーサー元帥から次のような発言が出たことを記憶している。

「自分は日本進駐まで武力による破壊行為だけ続けてきたが、これからは平和の建設に全力を献げるつもりである。而して日本憲法制定に当り幣原君は日本は一切の戦力を放棄すると言はれたが、私はそれは約五十年間早過ぎる議論ではないかというような気がした。然しこの高邁な理想こそ世界に範を示すものと思って深い敬意を払ったのであるが、今日の世界情勢からみると、何としても早すぎたような感じがする。」

マックアーサー元帥の前記発言に対し、幣原議長はニガ笑いして聞いておられただけであった。その後間もなく朝鮮事変が起った（前掲『幣原喜重郎』六八三〜六八四頁）。


朝鮮戦争が勃発したのは、マッカーサーがこの発言をした五月三日から五〇日あまり過ぎた同年六月二五日午前四時。朝鮮半島の北緯三八度線全線で北朝鮮軍の一斉射撃が行われ、続いて歩兵七個師団、戦車一個旅団を第一線とする北朝鮮軍が怒涛の南進を開始することによって始まる。ところがマッカーサーは、当初はそれが戦争の勃発と認識せずに極めて楽観的で、二五日午後六時には、①攻撃は全面的なものではない、②ソ連は必ずしも攻撃の背景にはいない、③韓国は勝利を得るだろう、などと言明している。彼は、韓国軍の能力に自信を持っていたのだった。ところが、北朝鮮軍の進撃は止まらず、二七日になってようやく、マッカーサーも戦争の勃発を痛感し、「全朝鮮は失われる。われわれにできることは自国民をあの国から安全に救出すること だけだ」と意気消沈する。翌二八日、北朝鮮軍がソウルを占領した。

一方、トルーマン大統領は二七日には米極東海軍と空軍に対して、三八度線以南に侵攻した北朝鮮軍への攻撃を指令、二八日米極東空軍は本格的な航空作戦を展開し、瞬く間に北朝鮮空軍を圧倒して韓国上空の制空権を獲得した。翌二九日、マッカーサーは自らソウル近くまで飛んで陥落したソウルを視察し、地上軍投入の必要性をワシントンに打電、これを受けて三〇日にトルーマンが地上軍の投入を発表する。

これに対して、北朝鮮軍は六月末から漢江を強行渡河、これを韓国軍が必死に防戦するものの後退を強いられ、北朝鮮軍の戦車部隊が続々と漢江南岸へ進撃する。この状況下に九州駐留の米第二四師団が準備不足のまま先陣として韓国に派遣。七月五日から始まった米軍と北朝鮮軍の戦闘は、戦車を先頭に歩兵攻撃を繰り返す北朝鮮軍によって米軍が一方的に敗走を重ねるなど散々な戦況となった。そこで七月七日、国連安全保障理事会は国連軍の創設を決議し、司令官の任命をトルーマン米大統領に委ねる。翌八日、トルーマンはマッカーサーを国連軍司令官に任命、彼は、連合国軍最高司令官、米極東軍司令官に加えて国連軍の司令官となる。そして、同日、マッカーサーは、後の自衛隊につながる警察予備隊の設置を吉田茂首相に対して認可（実質上の指令）する（以上、前掲『マッカーサー』三九九～四〇五頁）。

以上、一九五〇年六月二五日の朝鮮戦争の勃発から同年七月八日の日本政府に対する警察予備隊の設置認可までの経緯を考えると、同年五月三日の、憲法の戦争放棄は幣原の意見によるものというマッカーサーの発言は、その後の彼の警察予備隊設置認可とはまったく関係がないことが明らかである。マッカーサーも米国政府も、五月三日時点では北朝鮮が韓国に戦争を仕掛けるなどと夢にも思わなかった。ワシントンにとって、六月二五日時点の北朝鮮の進軍の電報でさえ、「八年半前日本の真珠湾攻撃の知らせと同様全く寝耳に水」（ハレー『歴史としての冷戦』一五六頁）だったのである。

ただし、東ドイツにおけるベルリン封鎖（一九四八年）と東西ドイツの分断（一九四九年）、ソ連の承認による中華人民共和国の成立（一九四九年）と中ソ友好同盟相互援助条約の成立（一九五〇年二月）等、当時既に米ソ二大陣営による冷戦がグローバル化して極東に及んでおり、その頃のマッカーサーは、対日講和の際には、日本に於いて軽装備の警察軍の創設を認めてよいという態度に変わっていたのは事実であった（松尾前掲書一四七頁）。

ひるがえって、今紹介した一九五〇年五月三日のマッカーサーの発言を振り返ろう。

まず、マッカーサーの「日本憲法制定に当り幣原君は日本は一切の戦力を放棄すると言はれたが、私はそれは約五十年間早すぎる議論ではないかというような気がした。然しこの高邁な理想こそ世界に範を示すものと思って深い敬意を払ったのである」という話を誰に向かって語ったかというと、前日に閉会した第七回衆議院議会の報告を兼ねて前述の決議文を手交しに彼の許を訪れていた幣原衆議院議長と衆議院の関係者である。憲法九条発案者の真相を明らかにする意図を持ったメディアの記者たちではない。さらに当時その場にいた日本の議会の関係者は、幣原以外の誰も、一九四六年三月六日に幣原内閣が発表した「憲法改正草案要綱」がGHQ草案に基づいたものであることは公的には知らなかった。なぜなら、「はじめに」で述べた通り、日本国憲法がGHQ草案に基づくものであり、それがまたマッカーサーのいわゆる「三原則」（実は「三希望事項」）を取り入れたものであることがようやく日本国内で明らかになるのは、同年一一月の「ニッポン・タイムズ」の記事以降だったからだ。

したがって、マッカーサーは、何か他の目的、たとえば自己弁護のために虚偽を言う必要はまったくない。この発言も、たまたま大池眞氏が手記に残し、それを幣原の評伝の編纂者が評伝に残したからこそ、現在、我々も知ることができるのである。

さらに、その手記によれば、マッカーサーは誰も尋ねてもいないのに自ら発言を始めたようだ。それは、その日が憲法記念日であって、幣原を主客とする議会関係者が訪れていたので、彼としてはつい憲法成立史の裏話を思い出話として話したと思われる。

その彼の発言では、新憲法制定に当たって幣原が戦争放棄を言ったが、自分は約五〇年間早すぎる議論ではないかと思った、しかし、この高邁な理想こそ世界に範を示すものと思って深い敬意を払った、つまり賛成した、というのである。それは、「平野文書」での一九四六年一月二四日の幣原＝マッカーサー会談の証言と符合する。ところが、マッカーサーはそれから「今日の世界情勢からみると、何としても早すぎたような感じがする」と言葉を続ける。「今日の世界情勢」とは、米ソ冷戦の極東への拡大を指しているのは間違いない。あの時は幣原に説得されて自分も賛意を示したが、今はその時自分が賛成したのは間違いだったように思う、軍人である彼のこの言葉には、そんな後悔と懸念の本音が込められているようだ。

マッカーサーの話を聞いた幣原の反応が「ニガ笑いをして聞いておられただけ」であったというのも、憲法九条幣原発案説の大きな裏付けになる。もし憲法の戦争放棄条項が本当はマッカーサーの発案であれば、幣原は決して「ニガ笑い」はしないであろう。逆に、「なぜマッカーサーは自分が発案したものを幣原が発案したと嘘を言うのだろう」という怪訝そうな顔つきをしたであろう。

しかし、実際には、幣原は「ニガ笑いをして聞いて」いただけであった。彼としては、マッカーサーから秘密交渉を暴露された上に、当時の自分の賛意について後悔しているような発言をされたために何も言えなくなって、それが由に思わず苦笑いを浮かべてしまったのであろう。幣原の苦衷は察するに余りあるものがある。

## 憲法九条は幣原が提案したと明言したマッカーサー書簡が発掘された

本章の締めくくりとして、憲法九条は幣原の提案であると明言したマッカーサーの書簡が最近発掘されたことを紹介したい。

発掘したのは、東京大学名誉教授の堀尾輝久氏である。堀尾氏は、二〇一六年一月に国会図書館収蔵の憲法調査会関係資料の中に、同調査会の高柳賢三会長とマッカーサーが一九五八年一二月に交わした英文の往復書簡とその和訳を発見。その往復書簡では、「幣原首相は、新憲法起草の際に戦争と武力の保持を禁止する条文をいれるように提案しましたか。それとも貴下が憲法に入れるよう勧告されたのか」という高柳の質問に対して、マッカーサーは「戦争を禁止する条項を憲法に入れるようにという提案は、幣原首相が行ったのです」と明言していたのである（「東京新聞」二〇一六年八月一二日）。マッカーサーは続けて、「首相は、わたくしの職業軍人としての経緯を考えると、このような条項を憲法に入れることに対してわたくしがどんな態度をとるか不安であったので、憲法に関しておそるおそるわたくしに会見の申込をしたと言っておられました」と述べている（「日刊ゲンダイ」デジタル版、二〇一六年一〇月一一日）。幣原とマッカーサーのこの交渉を論じた次章の結論を先取りすれば、マッカーサーが述べたこの言葉は真実である。

# 第六章
# 一九四六（昭和二一）年一月二四日　近現代日本史の分水嶺

前章では、マッカーサーの「三原則（希望事項）」の「Ⅱ　戦争の放棄」がマッカーサー自身の発案とは考えられないこと、そして、一九五一年二月に当時幣原の側近だった衆議院議員の平野三郎氏が、逝去直前の幣原から憲法九条の成立事情について聞き取り、後日、その時のメモを整理して文書にまとめて内閣の憲法調査会に提出、同調査会事務局が印刷に付していたことを紹介した。その文書（「平野文書」）によれば、憲法九条は幣原の発案であって、それを彼が一九四六年一月二四日に秘密裡にマッカーサーに進言してマッカーサーがそれを受け入れて憲法草案とし、その草案を昭和天皇が聖断によって聴許されたことが語られていた。さらに、朝鮮戦争前すなわち日本の再軍備指令とは無関係にマッカーサー自身が、幣原も含めた日本の議会関係者に憲法九条は幣原が言い出したことだと発言した記録も残されていることを明らかにした。

一方、序論で述べた通り、一九四六年一月二四日の幣原とマッカーサーの会談については、その場で幣原がマッカーサーに「戦争を世界中がしなくなる様になるには戦争を放棄するという事以外にないと考える」と話したことが「羽室メモ」として知られており、しかも、それは、幣原の長子の道太郎氏を筆頭にして、幣原が憲法の話をしたのではなくて単に自分の理想を語っただけだ、という反論もなされている。

しかし、「平野文書」によれば、その会談で幣原がマッカーサーに対して行ったのは、自分の平和に対する理想語りではなくて、文字通り戦争の放棄の条項を改正憲法に入れるように依頼する進言であって、しかも、「羽室メモ」のように伝聞情報（幣原が友人の大平駒槌に語った内容を大平の娘の羽室ミチ子が大平から聞き書きしたもの）ではなくて、直接幣原から話を聞いた平野氏自身がメモをし、それを整理したものだから極めて信ぴょう性が高い。それに加えて、一九五〇年の憲法記念日にマッカーサー自身が、幣原を目の前にして、日本の議会関係者に幣原が憲法九条の発案者であると「暴露」したのだから、憲法九条は幣原が発案したものと考えるのが妥当であろう。

序章で詳しく触れなかったが、マッカーサーの回顧録でも、この一九四六年一月二四日の幣原との会談の話が出てきて、それが憲法九条幣原発案説の有力な根拠となっている。

その一方で、「この一月二四日の時点で、幣原・マッカーサー両者の間にそれほど深く憲法問題が語られたとは考えられない」という憲法学者の有力な反論もある（西前掲書二〇七頁）。

そこで、改めて一九四六年一月二四日の幣原とマッカーサーの会談で二人は、本当は何を話したのか、様々な資料を検討して内容を明らかにし、この日の意義を明らかにしたい。

## 『マッカーサー回顧録』における記述

まずは、その『マッカーサー回顧録』における記述である。原文を拙訳によってその内容を紹介したい。

もっと情報を知ってもらいたい人々からでさえ、〔日本の新憲法の〕戦争放棄条項は、私の個人的命令で〔日本国〕政府に強いたものだとの非難を受ける。それは誤りだ。次の事実が真実を示すだろう。それは松本博士による憲法草案が完成するだいぶ前のことである。私は幣原首相から面会の申し入れを受けていた。彼は、当時日本では新しい薬だったペニシリンが、彼の深刻な病気の快復に役立ったので、そのお礼を心から述べたいと望んだのだった。彼は〔一九四六年〕一月二四日の正午に私の執務室を訪れてペニシリンのお礼を述べた。しかし、それから彼はいくぶん極まりが悪そうにためらっている様子に私は気が付いた。私は〔幣原〕男爵に何か問題があるのか尋ね、苦情であれ提案であれ、貴方は首相として最大限率直に私に話ができると述べた。彼は、私が軍人という職業のためにそのように〔話を〕するのをためらうと答えた。私は彼に、軍人は時々描写されるほど感受性が鈍かったり、柔軟性がなかったりするわけではないことを確約した。軍人の腹の底は、全く人間的なのだ、と。

彼は、新しい憲法が最終の草案になったとき、いわゆる戦争放棄条項を盛り込むことを提案した。

彼はまた、日本に対するいかなる軍事機構も、それがどんな軍事機構であっても禁止することを望んだ。そうすることによって、次の二つのことが成し遂げられる。旧軍閥が、いつか権力を掌握することを可能とする手段を未然に取り除くことができる、そして、もう一つは、世界は、日本が決して二度と戦争を行うつもりが無いことを知ることになる、と。彼は、日本は貧しい国だから、どのみち、お金を軍備に注ぎ込む余裕を持つことはできない、とも付け加えた。国に残っているいかなる資源も、経済を強めることへ向けなければならないと。

私は、私の多年の経験から、驚きや変わった興奮にはほとんど免疫があるように考えていたが、これを聞いて私の息が止まりそうになるほど驚いた。私はこれ以上の意見の一致は不可能だった。長い間、私は、戦争とは国家間の紛争を解決するには時代遅れの手段として廃止されなければならないと確信していた。おそらく、生存している人間の中で、私以上に多くの戦争とそれによる破壊を見たものはいないだろう。六つの戦争に対する参戦者もしくは観戦者として、二〇の軍事作戦に参加した古参兵として、何百もの戦場を生き残った者として、私は世界のほとんどあらゆる国の兵士と共に、またはそれに敵対して戦った。そして、私の〔戦争への〕憎悪は原爆の完成によって最高度に達した。

私がこのような調子で話したとき、驚いたのは、幣原の番であった。彼の驚きはあまりに大きかったので、彼はオフィスを出る際に感極まったように思われた。彼の頬を涙が流れた。そして、彼は部屋に戻って私に言った。

「世界は我々を実行不可能な空想家としてあざけり笑うでしょう。しかし、今から百年後、我々は予言者と呼ばれるでしょう」と。

日本国憲法九条は、次のように述べる。

〔憲法九条の条文、省略〕

憲法のこの条文は幾度となく攻撃を受けた。特に、それが人間の基本的な性質に反すると主張する冷笑家によって。〔しかし〕私はこれを守り、条文として採用することを支持した。〔それは〕あらゆる思想の中で最も道徳的なものであるだけでなく、当時連合国がまさに日本に求めていたものであることを私は知っていたからである。彼らはポツダム宣言でもそう述べていたし、その後もそう主張してきた。確かに、私に対する訓令を読むと「日本は陸軍も海軍も空軍も、秘密警察組織も民間航空も持たない」とある。そしてそれが、占領国によってではなく、日本人自身によって成し遂げられたのである。

（Douglas MacArthur, *Reminiscences*, 1964, pp.302-304, 原英文、邦文訳本書著者）

## ペニシリンと戦争放棄条項提案のためらい

この『マッカーサー回顧録』では、幣原がペニシリンのお礼を言いたいとしてマッカーサーに面会の約束をして一九四六年一月二四日の正午に執務室を訪ねて、お礼を述べた後に戦争放棄条項を憲法草案に盛り込みたいと彼に申し入れたことを述べている。

事実関係を検討する上で最も重要なのは幣原がペニシリンの礼を述べにマッカーサーに会い

に来た、という証言である。平野三郎氏が幣原から聞き取りを行ったのは一九五一年、その時のメモを平野が整理して文書化し、その文書が憲法調査会事務局で印刷されたのは一九六四年二月だが、当時、それが公開されることはなかった。一方、マッカーサー回想録の原本とその最初の日本語訳（『マッカーサー回想記』朝日新聞社）が米日で刊行されたのは一九六四年だが、マッカーサーが原本の冒頭に上梓の意味で序文を書いたのは同年三月、翌月に彼は逝去している。

したがって、平野氏側とマッカーサー側では、互いに事前に相手側の記述に目を通したことは考えられない。それなのに、幣原がペニシリンのお礼にマッカーサーを訪ねて、そのあとに彼が改正憲法の草案に戦争放棄条項を加えるようにマッカーサーに申し出た、という内容は「平野文書」と『マッカーサー回顧録』で一致している。しかも、「平野文書」では、幣原はその提案をする際に「僕としても軍人である彼が直ぐには賛成しまいと思ったので、その意味のことを初めに言った」とあり、マッカーサーの回顧録でも、幣原はマッカーサーが軍人という職業のためにそのように（話を）するのをためらう、と答えてから提案をし始めたと述べ、これも証言が一致している。

一方、幣原がマッカーサーに戦争放棄条項を提案し、マッカーサーがそれに賛同した際の双方の反応について、「平野文書」では、マッカーサーは「非常に理解して感激した面持ちで僕に握手した」とあり、『マッカーサー回顧録』では「彼（幣原）の驚きはあまりに大きかったので、彼はオフィスを出る際に感極まったように思われた。彼の頬を涙が流れた」とあり、互いに相手こそが感動したように書いている。ちなみに、「羽室メモ」でも「マッカーサーは急に立ち上がって両手で手を握り涙を一杯ためてその通りだと言い出した」とあり、「平野文書」以上にマッカーサーが感激した様子を述べている。これらも内容が一致しているのである。

なお、そうすると、感動したのは幣原とマッカーサーのどちらなのか。

この点については、マッカーサーと幣原の双方が互いに感動し、互いに涙ぐんで握手をし合ったのであろうと思われる。なぜなら、『マッカーサー回顧録』にも「私は、私の多年の経験から、驚きや変わった興奮にはほとんど免疫があるように考えていたが、これを聞いて私の息が止まりそうになるほど驚いた」とあり、それから彼は、堰を切ったように戦争放棄に対する自分の思いを語ったからである。回顧録ではあっても、占領国側の最高司令官の立場としては、さすがに被占領国の首相の言葉に感動して涙ぐんだとまでは書けなかったのであろう。また、後述するように幣原は基本的に嘘を言わない人物であり、その幣原が、マッカーサーが感動したと述べたのだから間違いないであろう。

## 一九四六年一月二四日幣原提案説に対する反論について

それでは、「この一月二四日の時点で、幣原・マッカーサー両者の間にそれほど深く憲法問題が語られたとは考えられない」という憲法学者の反論についてはどうなのであろう。この反論の根拠として、憲法学者の西修氏は「この時期は、まだ憲法問題調査委員会の案が最終的に出来上がっていなかったし、総司令部側も日本側の出方を待っていた。それゆえ、平和主義についての議論が行われたとしても、憲法条項をどうするかまで話の内容が具体化していたとは考えにくい」と指摘する（西前掲書二〇七頁）。また、西氏は「その後の憲法草案の進行状態と幣原首相の動向を跡付けても、幣原首相が同条項を推進していたと思われる言動がない」とも指摘している（同書同頁）。

まず、西氏の反論の後者の、その後幣原が戦争放棄条項を推進した言動が無い、については、その理由を幣原自身が「平野文書」で語っている。すなわち、戦争を放棄した上での天皇制の継続という幣原の提案は国体に触れることだから、仮にもこんなことを口にすることはできなかった、憲法は押しつけられたという形をとったが、当時の実情としてそういう形でなかったら実際に天皇制と戦争放棄条項の両方を憲法草案に盛り込むことはできなかったのだ、と。

前者の反論・一月二四日時点では、まだ憲法問題調査委員会の案が最終的にでき上がっておらず、総司令部側も日本側の出方を待っていた、それゆえ、憲法条項をどうするかまで話の内容が具体化していたとは考えにくい、という反論についてはどうか。

西氏はこの反論について、「幣原首相の年来の平和思想がマッカーサーに影響を与えたことはあっても、幣原首相発案説は無い」という議論の根拠として述べたものである（西同書同頁）。しかし、もし幣原が戦争放棄条項を発案し、その提案をマッカーサーに秘密裡に行ったとするなら、その提案を行うタイミングは、松本案の提示の後である必然性は無い。実際に『マッカーサー回顧録』には、わざわざ、幣原の提案は「松本博士による憲法草案が完成するだいぶ前」の一九四六年一月二四日に行われた、と断っているのである。

さらに驚くべきことに、「平野文書」によれば、幣原は「実はあの年（昭和二〇年）の暮から正月にかけ僕は風邪をひいて寝込んだ。僕が決心をしたのはその時である」、「天皇の人間化と戦争放棄を同時に提案することを僕は考えた」と述べている。昭和二〇年（一九四五年）の暮れから正月といえば、昭和天皇がいわゆる「人間宣言」の詔書を渙発された（一九四六年一月一日）時期である。

幣原は「平野文書」でその頃既に新憲法の草案に「天皇の人間化」と戦争放棄の二点セットを盛り込むことを考えていた、と語っているが、はたして本当だろうか。その前に「天皇の人間化」とは、何のことか。それは昭和天皇の「人間宣言」のことではないのか。

## 昭和天皇の「人間宣言」詔書の起草者はだれか？

承知の通り、「人間宣言」とは後年の通称であって、正式名は一九四六（昭和二一）年の新年にあたっての「詔書」である。

この詔勅が渙発された経緯について、一般向けの歴史書には、次のような経緯が綴られていてGHQの発意によるもので、幣原の発案ではないと述べられている。

一九四五（昭和二〇）年一二月はじめに、GHQの民間情報教育局（CIE）が、日本の軍国主義や超国家主義イデオロギーを一掃する手段として、天皇や日本人の神格性を否定する勅語を出すことを思いつき、CIEのダイク局長の指示によってヘンダーソン教育課長が学習院に勤めていた英国人ブライスと相談して原案を作り、マッカーサーの承認を得て、学習院長山梨勝之進を通じて宮内大臣石渡荘太郎に渡り昭和天皇に届けられた。昭和天皇は、祖父明治天皇の「五箇条ノ御誓文」を付記することを強く希望し、前田多門文部大臣が次田大三郎内閣書記官長と相談して日本語訳をつくり、これを参考に幣原が英文草案を起草してGHQから承認を受け、再び日本語に訳し戻された、と（松尾前掲書四一～二頁）。

しかし、これが文字通りに経緯を述べたものとするならば、当時の勅語の起草から渙発迄の手続きから考えてあり得ず、明白な誤りである。

なぜなら、一八八五（明治一八）年に内閣制度が出来て以来、宮内省は内閣には含まれない独立した機関となって「宮中・府中（政治）の別」が立てられた。したがって、宮内大臣ラインでの勅語の草案が、そのまま文部大臣や内閣書記官長に渡って引き続き検討されることはあり得ない。なお、「宮中・府中（政治）の別」は、一九四七（昭和二二）年に宮内省が宮内府と改称し、一九四九（昭和二四）年に宮内府が総理府の下に入って宮内庁となって解消されている。

一方、最新著の『昭和天皇実録』を見ると、「宮中・府中の別」の有様も含めてその真相が詳説されている。まずは、その記述を見てみよう。

〔昭和二〇年一二月二三日〕詔書の渙発につき木下〔侍従次長木下道雄〕と御会話になる。これより前の本月初旬より、連合国最高司令部民間情報教育局長ケネス・R・ダイク、同局員ハロルド・G・ヘンダーソン、学習院長山梨勝之進、学習院教師レジナルド・H・ブライスが関与し、天皇の神格化を否定する英文の詔書案が作成され、宮相〔宮内大臣石渡荘太郎〕より天皇の御内覧に供される。木下はこの日〔同年一二月二三日〕拝謁後、宮内次官大金益次郎に面会し、詔書の渙発につき懇談する。大金は五項目から成る詔書私案を起草し、ブライスを通じて連合国最高司令部に提出するが、内容が消極的であるとして拒否される。

〔中略〕この日〔翌日の一二月二四日〕、宮相より、詔書渙発は国務につき、内閣に御委任を願う旨の首相の希望につき伝奏を受けられる。夕刻、御文庫に内閣総理大臣幣原喜重郎をお召しになり、詔書の渙発については内閣に委任する旨を仰せになる。翌日、首相は官邸において詔書の英文草稿を執筆する。

（『昭和天皇実録』第九、九三五～六頁、傍線本書著者）


この記述によれば、詔書のＣＩＥ案は、石渡宮内大臣から昭和天皇に届けられたものの、天皇は非公式にご覧になっただけであった。そして、一九四五年一二月二三日に大金宮内次官が詔書の私案を作成してブライスを通じてＧＨＱに提出したが、内容が消極的だとされて拒否されてしまい、ここで「宮中」ラインでの詔草の起草は行き詰まってしまったのであった。

そこに登場したが幣原である。彼は翌二四日に宮相を通じて「詔書渙発は国務につき、内閣に御委任を願う」旨を奏上、それを受けて昭和天皇がその日の夕方に幣原に詔書の渙発を委任され、翌二五日、幣原は英文の草案を作成したのだった。

憲法調査会が資料として採用して一九六一（昭和三六）年三月に印刷に付した資料「天皇の『人間宣言』草案秘話」（『週刊朝日別冊』一九六一年一月号掲載、奥山益朗著「天皇の人間宣言草案秘話」記事）にも、「人間宣言はダイクが考えたのではなく、幣原の着想であって、それは、国外内で叫ばれる戦争犯罪人としての追及や退位の主張から昭和天皇の地位を守るために彼が考えたことであった。昭和天皇もかつて幣原にそのような宣言の必要を示唆しておられた、それは日本を愛する英人のブライスから山梨を通じて幣原に進言もあり、マッカーサーも期待するものだった、幣原は同年一二月二三日に前田文相に説いて詔書の起草を依頼し、前田は次田内閣書記官長に相談して素案を起草、それをもとに同月二五日に幣原が首相官邸で詔書の英文草案を作成した」という主旨の記述がある。

幣原自身、次のように語り残している。

昭和二十年十二月二十五日、大正天皇祭の日、家にいると訪問客でうるさいので、私は永田町の首相官邸の私の部屋に一人でいた。静かな雰囲気の中で、私は予て陛下に命ぜられていた詔勅の起草に着手し、一生懸命に書いた。日本より寧ろ外国の人達に印象を与えたいという気持ちが強かったものだから、まず英文で起草し、約半日かかってできた（前掲『幣原喜重郎』六六七〜六六八頁）。

それでは、その「人間宣言」の詔書の内容はどのようなものだったか。

それは、詔書のもともとの趣旨であった昭和天皇の「神格化」や、日本民族が他民族より優れて世界を支配する運命を持つという誤った考えを否定するだけのものではなかった。それは詔書の一部分であって、全体を通しては、昭和天皇が「五箇条ノ御誓文」に立ち返り（御誓文の挿入は昭和天皇の強い要望による）、国民の先頭に立って過去の誤った政策を断固排除し、平和主義に徹し、国民の要望に寄り添って豊かな文化と国民生活を向上させる新日本を建設し、人類の福祉と向上に貢献する、そのように誓いを新たにして国運を開く、と宣言する内容であった。詔書と同時に新聞紙上に掲載された「謹話」で幣原は、「今や我々国民は更始一新の機に際会しております。宜しく聖旨を奉体して、民主主義、平和主義、合理主義に徹せる新国家を建設し、以て宸襟を安んじ奉らんことを期すべきであります」と述べて昭和天皇の聖旨が民主主義・平和主義・合理主義に徹する新日本の建設にあることを強調している（前掲『幣原喜重郎』六七二頁）。

幣原がいわゆる「人間宣言」を英文で起草したのは、彼自身が「外国の人達に印象を与えたい」と述べた通り、この詔書に昭和天皇に対する連合国側の戦争責任論を鎮静化する目的も彼が込めたからであった。そのために幣原は、英語で書いた原文には、聖書の次に英語圏で読まれたというジョン・バニアンの *Pilgrim's Progress*（『天路歴程』）から"the Slough of Despond"（落胆の沼）というフレーズも入れている（邦文の詔書では「失意の淵」）。

当時有数の英語の使い手であり、駐米大使や外務大臣として外国人受けするスピーチが得意な幣原ならではの配慮であった。

この詔書が渙発されるとマッカーサーは次のような声明を発表した。

> 天皇陛下の新年の声明は大変私を喜ばせました。その声明によって、天皇は国民の民主化を率いる役割を引き受けられました。天皇陛下は今後、真正面から自由主義に沿った立場に立たれる。天皇陛下の行動は、日本に健全な思想が普及することに圧倒的な影響をもたらすものです。健全な思想はもはや止まることが出来なくなりました。
> （国会図書館「日本国憲法の誕生・資料と解説・第三章33－1　天皇「人間宣言」Press Release: Gen. MacArthur Sees Liberalism in Imperial Rescript, 邦文訳本書著者）

この声明でマッカーサーは、詔書によって昭和天皇が神格を否定されただけでなく、日本における自由主義のリーダーとなることを宣言されたと述べて最大級の賛辞を送った。

そしてこの詔書は、幣原の狙い通り、国内以上に海外に圧倒的な好インパクトを与えた。ワシントン・ポストは「天皇を破壊せずして、日本軍国主義を破壊することはできない、という主張はこの天皇の宣言で効果をうしなった」と述べ、ニューヨーク・タイムズは「これによって全人類のために輝かしい前途が疑いもなく展開するであろう。この詔書によって憲法改正の道が開けた」と評価したのである（半藤一利『日本国憲法の二百日』二四一～二頁）。

そのように天皇が新日本の民主主義のリーダーであるという印象を海外に与えた詔書の発案と起草が幣原であったことは、「平野文書」での幣原の発言の大きな裏付けとなる。

## 幣原が「人間宣言」詔書渙発と同時期に考えた新憲法における「天皇の人間化」と戦争放棄条項

いわゆる「人間宣言」が幣原の起草によるものであり、彼の狙い通り、それが欧米における昭和天皇の印象を大きく好転させたことは明らかになったが、「平野文書」では、幣原が、「あの年（昭和二〇年）の暮から正月にかけ僕は風邪をひいて寝込んだ。僕が決心をしたのはその時である」と述べたことが気になる。彼が「人間宣言」を起草したのは肺炎で寝込む直前である。もっとも、彼は病気中も「人間宣言」の推敲は行っていたが、前述の通り、彼は罹患する前の一二月二五日に約半日をかけていったん仕上げている。それなのに、自分が寝込んだ時に決心したという「天皇の人間化」とはどういう意味だろう。

幣原は、「天皇の人間化と戦争放棄を〔憲法草案に〕同時に提案することを僕は考えた」と述べていることより、憲法草案における「天皇の人間化」とは、「人間宣言」の成功に自信を得た幣原が、新憲法草案においても戦争放棄条項とセットにすれば、人間宣言に基づく人間としての天皇を新憲法に明確に位置付けることができると確信したということであろう。

それが正しいと結論付けるためには、幣原が天皇の「人間宣言」詔書渙発と同時期に戦争放棄も考えていたことを論証しなければならない。ところが、前述の通り、実際は、幣原が首相官邸で詔書を起草したのは一九四五（昭和二〇）年一二月二五日であり、幣原がマッカーサーに戦争放棄条項を提案したのは翌四六年一月二四日であるから、その間はほぼ一か月の開きがある。そうであれば、「平野文書」で幣原が一九四五年の暮れから正月にかけて風邪で寝込んだ時に決心した、というのは間違いか思い違いとも思われる。

しかし、事実関係を踏まえると、「平野文書」にある通り、幣原は実際に両者を同時に考えたと結論付けるほかない。

なぜなら、幣原は、詔書を起草した夜に急性肺炎を起こし、以来ずっと病床に臥せっていて、昭和天皇への詔書の奏上は代理の前田文相が行い、詔書に対する「謹話」も病床で執筆、一月四日の表拝謁の間での新年の政治始めの式典も欠席、七四歳と高齢のためにＧＨＱから贈られたペニシリンでもなかなか治らず、ようやく完治して天皇へ完治の御礼言上が叶ったのは、マッカーサーに戦争放棄条項を提案したとされる一月二四日のわずか三日前、同月二一日のことであった（『昭和天皇実録』第十、二一頁）。その間の一月七日には、松本国務大臣が単独で天皇に拝謁して「憲法改正私案」を奏上しているが、幣原が罹患中でなければ松本の奏上の際は当然立ち会っていたはずであった。松本の憲法改正の奏上が新年の国政が始まってからわずか三日後に行われたということは、政治上のスケジュールとしては、「人間宣言」詔書と憲法改正の検討は、「平野文書」のとおり、ほぼ同時並行して進んでいたと考えざるを得ない。

## 幣原が憲法のGHQ草案に対して反対したのは、象徴天皇制に対してであった

少し前に筆者は、幣原は基本的に嘘を言わない人物だと記したが、それでは、憲法九条幣原発案説に対する反論としてしばしば引用される、芦田日記の一九四六年二月一九日の閣議の記録はどう考えればよいか。既述の通り、そこには、「三土内相、岩田法相は、総理の意見と同じく『吾々は之〔GHQ草案〕を承諾できぬ』と言」ったとあり、幣原も「承諾できぬ」と述べたことが分かる。

さらに、憲法九条幣原発案説に対する最も強力な反論者である幣原の長子・幣原道太郎氏が引用する柴垣氏の随筆集での幣原の『外交五十年』に対する「心にもないことを書いた」の発言はどうだろう。幣原が嘘の付けない性格なら、「心にもないことを書いた」こともまた彼の本音と理解すべきだろう。

この点を考えるときに最も重要なのは、幣原がGHQ草案のどの点に対して「承諾できぬ」、もしくは「心にもないことを書いた」と述べたのかを分析することである。憲法九条幣原発案説の反論者は、その対象を当然九条としているが、実は幣原自身はこの点を明らかにしていない。したがって、反論者の主張には予断がある。

幣原がＧＨＱ草案のどの点に反対しているか。それは、ＧＨＱ草案では、天皇が国家元首から象徴に変わったことであろう。

なぜなら、幣原は「天皇制を維持するという重大な使命」を認識していたからだ。天皇制を維持するとは、帝国憲法上の天皇の地位を維持することに他ならない。

だから彼は「天皇の人間化」と戦争放棄を二点セットとして憲法に盛り込めば帝国憲法に準じた天皇制を維持できると考え、その二点セットを日本政府に命じてもらおうという秘密交渉をマッカーサーと行い、マッカーサーがそれを受け入れた。

それが故にマッカーサーは「三希望事項（「三原則」）」を表して、ＧＨＱ民政局に対してフリーハンドを与えた上で天皇を元首とすることと戦争放棄条項を新しい憲法に入れるように希望し、憲法草案の起草を命じた。

ところが、その結果できあがったＧＨＱ草案では天皇の地位は帝国憲法の規定とは大きく変わり、象徴となってしまっていた。

そのことを知った幣原がＧＨＱ草案は承服できない、と考えたのは当然であろう。

彼は明治維新という「日本歴史の最高峰」（徳富蘇峰『三代人物史』一一頁）の改革下の一八七二（明治五）年に生まれた「明治の児」だった。そのために、ＧＨＱ草案で天皇が元首ではなくて象徴となったことに総理大臣として不満を持ったと考えることができる。

「平野文書」に於いて、平野氏が、昭和天皇はGHQ草案についてどう考えたのか、を幣原に尋ねた際、幣原は、「マッカーサーの草案を持って天皇の御意見を伺いに行った時、実は陛下に反対されたらどうしようかと内心不安でならなかった」と述べ、彼は恐縮しながら昭和天皇にGHQ草案を奏上したことが分かる。

何が不安だったのか、それについて、その後の言葉で幣原は明確に答えている。「若しあのとき天皇が権力に固執されたらどうなっていたか」と。

ここでの天皇の「権力」とは、帝国憲法の天皇の地位の意味であって、その地位から象徴天皇に変わることに天皇が不満を表されるのではないか、と幣原は内心不安に思っていたのだ。そしてそれは、天皇の地位を維持することを使命としていた幣原として当然の不安だった。

ところが、昭和天皇は、「〔憲法については〕徹底した改革案を作れ、その結果天皇がどうなってもかまわぬ」と言われたのであり、この御英断で閣議もおさまったのであった。

「平野文書」で、この時の昭和天皇の御聖断に関して幣原は、「終戦の御前会議のときも陛下の御裁断で日本は救われたと言えるが、憲法も陛下の一言が決したと言ってもよい」と述べて、それが終戦決定のそれに匹敵する御聖断であったとし、「僕は天皇陛下は実に偉い人だと今もしみじみと思っている」と感動をもって当時を回想している。

この奏上は、一九四六年三月五日午後五時四十分過ぎから約一時間半行われた（前掲『昭和天皇実録』第十、六一～六二頁)。そして、この奏上に関して、その半年後の同年九月に幣原が貴族院特別委員会のメンバーに内輪話をしている。その時に参加した宮沢俊義(憲法学者)のメモが記されたノートが、高見勝利上智大名誉教授によって最近発見されている。そのメモには幣原の次の言葉が書かれていた。

陛下に拝謁して、憲法草案(先方〔GHQ〕から示されたもの)をお目にかけた。すると陛下は『これでいいじゃないか』と仰せられた。自分はこの御一言で、安心して、これで行くことに腹をきめた(「朝日新聞」二〇一七年五月三日)。

芦田日記には、この上奏の際に昭和天皇は「今となっては仕方あるまい」と仰せられたとある(前掲『芦田均日記』①九〇頁)。昭和天皇のこの言葉は、幣原が奏上の際に象徴天皇制に関しての憂慮を述べたことに対する返答と思われる。彼は、新憲法の象徴天皇制採用に関して、天皇への奏上の時点まで逡巡していたのであった。

一九四六年一月二四日の幣原マッカーサー会談が憲法一条と憲法九条を生んだ

「平野文書」では、幣原は極めて重要なことを語っている。それを改めて確認したい。

僕には天皇制を維持するという重大な使命があった。元来、第九条のようなことを日本側から言いだすようなことは出来るものではない。まして天皇の問題に至っては尚更である。この二つに密接にからみ合っていた。実に重大な段階にあった。

幸いマッカーサーは天皇制を存続する気持を持っていた。本国からもその線の命令があり、アメリカの肚は決っていた。ところがアメリカにとって厄介な問題が起った。それは濠州やニュージーランドなどが、天皇の問題に関してはソ連に同調する気配を示したことである。〔中略〕これらの国々はソ連への同調によって、対日理事会の票決ではアメリカは孤立化する恐れがあった。

この情勢の中で、天皇の人間化と戦争放棄を同時に提案することを僕は考えた訳である。

濠州その他の国々は日本の再軍備を恐れるのであって、天皇制そのものを問題にしている訳ではない。故に戦争が放棄された上で、単に名目的に天皇が存続するだけなら、戦争の権化としての天皇は消滅するから、彼らの対象とする天皇制は廃止されたと同然である。もともとアメリカ側である濠州その他の諸国は、この案ならばアメリカと歩調を揃え、逆にソ連を孤立させることが出来る。

マッカーサーは非常に困った立場にいたが、僕の案は元帥の立場を打開するものだから、渡りに舟というか、話はうまく行った訳だ。

第二章で述べた通り、アメリカ政府の方針は、当初は昭和天皇と日本政府を支持するが、それは保証されたものではない、というものであった（「降伏後ニ於ケル米国初期ノ対日方針説明」）。

そのような方針を取る米国に対して、ソ連やオーストラリアなどからは天皇を戦争犯罪人として起訴するように強い要求があった。米国内でもそのような声が高まっていたために、一九四五年一一月二九日、アメリカ統合参謀本部はマッカーサーに対して、昭和天皇の戦争責任に関する証拠資料を収集せよとの具体的な指示を出した。

マッカーサーは天皇を擁護したいという気持ちは強かったが、統合参謀本部の指示に対して、そんな証拠資料はない、と突っぱねれば、ソ連やオーストラリアから強い反発を受けて、昭和天皇のみならず、自分自身の立場も悪化する可能性があり、彼は苦境に陥っていたのである。それに対して、幣原は、具体的に新憲法に「天皇の人間化」と戦争放棄を二点セットとして明記するように提案し、そうすれば、オーストラリアやニュージーランドからの反発は受けず、ソ連を孤立化させられる、とマッカーサーに進言したのである。

まさにマッカーサーにとって「渡りに船」になった幣原の提案であった。

このことを示す傍証がある。

幣原との会談の翌日（一九四六年一月二五日）、マッカーサーは米国統合参謀本部に対して、天皇の戦争責任に関する資料収集の指示に対する回答を電報で極秘に送ったのである。

この電報は、日本では内容が誤訳されたり、全文が翻訳されなかったりしているので、全文を拙訳でご紹介する。

あなた方からの指示を受けて以来現在まで天皇の戦争犯罪に関して可能な限りの調査を行ってきました。その結果、直近の十年間、天皇の名によって為された政策決定について、天皇自らがその政策の決定に関与したことを示す明白で具体的な証拠は発見されませんでした。軍閥に代表され、彼等に操られた世論に抵抗しようと天皇が前向きな努力をしようとすれば、彼は実際に身を危険にさらしただろう、と信じる人々もいました。

彼が裁判にかけられることになれば、占領政策に対して甚大な変化が起きるでしょう。そのため、具体的にその行動を取る前に準備が成し遂げられるべきです。

万一にも天皇を起訴すれば、日本人の間で途方もない動揺を引き起こすのは疑いありません。その影響は我々の見込みをはるかに超えるでしょう。彼はすべての日本人を統合するシンボルです。彼を滅ぼせば国は崩壊します（国会図書館「日本国憲法の誕生・資料と解説・第三章　ＧＨＱ草案と日本政府の対応　３-３　マッカーサー、アイゼンハワー陸軍参謀総長宛書簡（天皇の戦犯除外に関して１９４６年1月25日）In coming Classified Message From: CINCAFPAC Adv Tokyo, Japan TO: War Department」（原英文、邦文本書著者）。

この文書でマッカーサーは、天皇の名によってなされた政策決定に関して天皇自らはその決定に関与していないという回答だけでなく、天皇を起訴すれば日本人の間に我々の想像を超えるような途方もない動揺を引き起こす、と確信をもって述べている。

特に最後の「彼はすべての日本人を統合するシンボル（He is a symbol which unites all Japanese)」であり、「彼を滅ぼせば国が崩壊する（Destroy him and the nation will disintegrate.）」という言葉は最大限の確信を込めた言葉であって、それまで統合参謀本部への回答に逡巡していた人物の言葉とは思えないほど強いものである。

そして、「彼はすべての日本人を統合するシンボルである」という言葉は、幣原が後に天皇について語った言葉と一致するのである。

たとえば、「平野文書」で彼は、「天皇制存続と言ってもシムボルということになった訳だ」と述べているし、『外交五十年』では、幣原は次のように述べている。

> 新憲法において、天皇は日本の象徴であるといって「象徴」という文字を用いた。私もこれはすこぶる適切な言葉だと思った。象徴ということは、イギリスのスタチュート・オブ・ウェストミンスターという法律、これは連邦制度になってからだから、そう古い法律ではない。その法律の中に、キングは英連邦（ブリティシュ・コモンウェルス・オブ・ネーションズ）すなわちカナダやオーストラリアや南アフリカなどの国の主権の象徴であると書いてある。そこから得たヒントであった（幣原前掲書二二一頁）。

幣原が述べた英国のスタチュート・オブ・ウェストミンスター（ウェストミンスター法／憲章）とは、カナダやオーストラリア、ニュージーランドなどの旧大英帝国の自治領がイギリス本国と対等な独立国家としてイギリス連邦を構成する諸国家となったことを認め、イギリスの王位は、その王位に忠誠を誓う加盟各国の自主的な連合のシンボルである、と定めた法律であった。

同法が制定されたのは一九三一年だが、それは、そのような趣旨が宣言された五年前（一九二六年）のバルフォア宣言を成文化したものであって、カナダはバルフォア宣言後の一九二九年、独立国として日本に大使館を設けている。

幣原はその頃外務大臣として大英帝国の発展的解消であるイギリス連邦の誕生を目の当たりにしたのでイギリス王が大英帝国の君主からイギリス連邦のシンボルに変わったのは熟知していたのであった。

ただし、「平野文書」でも、『外交五十年』でも幣原は、自分が憲法第一条を発案した、とは述べていない。前項で述べた通り、天皇制を守る使命感を抱いていた彼にとって天皇はあくまで元首であった。もっとも彼は個人的な意見としては、天皇は象徴の方が良い、と考えていたようには思われる。特に、英国のバルフォア宣言当時外務大臣だった幣原は、イギリス国王がシンボルになったことから、当然自国の天皇の地位についても思いを巡らせていたはずであって、その時に個人的な意見として日本の天皇もシンボルであるべきだ、と確信したと考えられる。それが「平野文書」に於いて「僕はもともと天皇はそう〔シンボルと〕あるべきものと思っていた」という発言につながったのであろう。

もしそうだったとしても、それはあくまで個人的な意見であり、天皇制を守る使命を持った総理大臣としての幣原がそのような意見をマッカーサーに表明したとは思われない。

しかし、幣原との会談の翌日のマッカーサーの米国総合参謀本部宛の文書に、天皇はすべての日本人を統合するシンボルである、との記載があることから、幣原は会談の中で当然話題になったであろう天皇の戦争責任に関して、マッカーサーのこの文書のような趣旨を彼に説いて、それに影響を受けたマッカーサーがこのような言葉を文章に残したとも考えられる。

天皇を「象徴」としたのはＧＨＱ草案が最初ではなく、夕刊紙『民報』（一九四六年二月一六日号）や雑誌『持論』（一九四六年一月号）など、当時新憲法に関して論評していたメディアであることが現在は明らかになっている（古関『日本国憲法の誕生』六一～六二頁）。幣原は、「平野文書」で（天皇をシンボルとする）「この考えは僕だけではない」と述べていることより、彼は、もともと英連邦におけるシンボルとしての英国の王位に関する知識があった上に、それらの新聞や雑誌に目を通してインスピレーションを得て、マッカーサーとの会談で「シンボル」という表現も出たとも思われる。

新憲法のＧＨＱ草案の第一条における天皇の地位に関する文言は、そのまま現在の日本国憲法第一条として採用されたものであり、それは「天皇は日本国の象徴であり国民統合の象徴である（The Emperor shall be the symbol of the State and of the Unity of the People）」というものである。

この条文は、「天皇は日本国の象徴である」とだけ記述しても象徴としての天皇の地位を定めるものとなるのに、それに加えて、わざわざ天皇は「国民統合の象徴」でもある、とも記述していることに注目したい。この文言は、まるまるマッカーサーの一月二五日の統合参謀本部への極秘電報と同じ言葉なのであって、その電報に影響を受けたものであることは明らかである。

既述の通り、マッカーサーは、「三希望事項（いわゆる「三原則」）」おいて天皇を元首であるとしていたことより、一九四六年一月二四日の幣原とマッカーサーの会談において、新憲法上での天皇の地位をシンボル（象徴）とするような話し合いは当然なかったであろうが、天皇の戦争責任に関する議論の中で幣原が天皇を既述のような意味でシンボルと呼び、それを受けてマッカーサーが統合参謀本部宛ての極秘電報でシンボルという言葉を使い、その言葉が憲法のＧＨＱ草案に採用されて、今日の憲法第一条の「天皇は、日本国の象徴であり日本国民統合の象徴であって」という条文に反映された、とも考えられよう。

そうであれば、幣原が「平野文書」で述べるように、彼が「天皇の人間化」と戦争放棄の二点セットを発案し、そのうちの「天皇の人間化」は象徴天皇として憲法第一条に盛り込まれ、そして戦争放棄は憲法九条に盛り込まれた、というのが真相となろう。幣原は「平野文書」におけるその会談の話の締めくくりとして、「それは昭和二一年の一月二四日である。その日、僕は元帥と二人切りで長い時間話し込んだ。すべてはそこで決まった訳だ」と述べた。その「すべて」とはそのことを指すとも考えられる。

なお、ここまで事実が明らかになると、一九四六年二月三日にマッカーサーがGHQ民政局に渡した「マッカーサーの三原則（三希望事項）」は、本当はマッカーサー自身が書いたものではなくて、この日（同年一月二四日）にマッカーサーと幣原が合意した要点を幣原が英文でまとめた「幣原ノート」だった可能性がぜん高くなる。これは大胆過ぎる仮説ではない。なぜなら、次章で述べるように幣原は日本を代表する外交官であり、外交官の重要な任務の一つに相手との交渉結果を文章化することがある。ましてこの時の幣原の交渉の目的は、マッカーサーに依頼してGHQ内に指示してもらうことだから、彼に了承してもらった依頼内容を文書にして渡すことこそが交渉の仕上げ作業となる。その具体的な根拠の一つが、「三原則」の「Ⅲ」に見られる皇族と華族から成る日本独特の貴族制度や日本の複雑な予算制度に関する知識である。マッカーサーがそれらに通暁していたとは考えられない一方で、当時の幣原は国家機構の民主的改革を進めていた。「三原則」の「Ⅰ」と「Ⅱ」が幣原のアイデアなら、「Ⅲ」と全体も幣原のアイデアと考えるのが自然であろう。この点は今後の研究課題にしたい。

# 第七章
# 幣原の外交理念と外交スタイル

憲法九条が幣原の発案によるものである、ということは、幣原の外交理念や外交スタイルの分析からも実証できる。

## 幣原の外交理念

「外交」とは外国との交際、国家間の交渉を意味するが、その意味での近代日本の外交は周知のとおり幕末のペリー来航以降から始まる。

その外交に個人名が付く最初は、第二次伊藤博文内閣の外相として不平等条約の改正に成功し（一八九四年）、日清戦争の開戦と下関講和会議を率い、三国干渉を処理した陸奥宗光外務大臣の名を冠した陸奥外交である。

しかし、陸奥外交は後年に歴史家がそう呼んだものであって、真にその時代に外務大臣の個人名を付した外交として呼称されたのは、幣原外交をもってはじまりとする。幣原が外務大臣を務めたのは一九二四（大正一三）年六月〜二七（昭和二）年四月、及び一九二九（昭和四）年七月〜三一（昭和六）年一二月の都合五年余りだったが、この期間の外交が幣原外交と呼ばれたのは、幣原外交が「この時代を表象する最も適実な外交政策であった」からであった（清澤洌『外交史』四二四頁）。

その幣原外交の理念は、国際協調、共存共栄、恒久平和と経済外交、対中国革命不干渉である。

共存共栄について、幣原は、外務大臣就任後初の議会として臨んだ一九二四年の第四九臨時議会の外交演説で次のように述べている。

帝国〔日本〕の外交は我正当なる権利々益を擁護増進すると共に列国の正当なる権利々益は之を尊重し以て極東並太平洋方面の平和を確保し、延いては世界全般の平和を維持することを根本主義とするものであります。〔中略〕凡そ国際間の不和は一国が他国の当然なる立場も無視し偏狭なる利己的見地に執着することに依て発生するものである。之に反して我々の主張する所は畢竟一国の共存共栄の主義であります（前掲『幣原喜重郎』二六三頁）。

国際協調の下での共存共栄は、恒久平和と経済外交に密接に結びつく。

幣原は、一九二八年の講演で「凡そ外交は単に国家と国家との間に於ける政治的関係を処理するに止まらず、其経済的関係の発達を図ることも亦等しく重要なる任務であります」と力説して、他国との経済関係の発展に関する外交の役割が、その政治的役割と同程度に重要であると強調した（同書二七六頁）。

経済外交とは、根本的には、経済力こそが国力の源であり、海外市場の確保と拡張が国家利益を増進する道だという観念による外交だが、それと表裏一体をなすものが、国家間の経済的相互依存性こそ、世界の平和を維持するものであるという思想である（入江『日本の外交』九〇〜九一頁）。このような思想は古典経済学に裏付けられたものであって、第一次世界大戦を招いた帝国主義外交を批判する一九二〇年代の外交を特徴づける幣原外交の理念であった。

そんな幣原の外交は、一言で言えば大国外交であった。彼の外交理念は、第一次大戦後に五大国の一国の地位を占めるようになった「大国日本」に相応しいものだった。

そのような外交理念の下で列強と国際協調を進める幣原外相は、各国から深く信頼された。その例を挙げれば、アメリカとドイツの間で米独仲裁和解条約（一九二八年）が締結されると、彼は両国から、国際紛争の和解に当たる委員会の議長に就任するように強く要請されている（幣原前掲書一五七頁）。満州事変が勃発した当初、米国国務長官のスティムソンは、幣原外相を信頼してできるだけ彼を苦しめない方策で臨んでいた（前掲『幣原喜重郎』四八五頁）。彼は信頼できる卓越した外交官として列強各国にその名声をはせていたのであった。

幣原はまた、外交の本質について、それは権謀術数ではない、と次のように言い切っている。

先づ外交とは如何なる本質のものであるか。世間一般に外交と言えば、何となく表裏のある、飾の多い不誠実なる観念を連想するようであります。ヨーロッパに於いても古来個人と国家とは、徳義の標準を一にするものではないと言う考えが広く行われていました。嘘を吐くことは個人としては最大の悪徳である。他人の物を奪い取ることは最も卑むべき破廉恥罪である。しかしながら苟《いやしく》も国家の為めならば、詐欺でも、略奪でも、如何なる手段でも憚かるには及ばない。所謂目的は手段を合理化するものであるとみなされていたのであります〔中略〕。

歴史に徴しますれば、従来外交が斯かる権謀術数に依って動かされる実例は殆ど枚挙に遑ありませぬ。しかも其の終局の結末は如何であったか。一時は確かに国家に貢献したこともありましょう、又目前のかくかくたる成功は国民の喝采を博し得たでありましょう。しかしながら之が果して国家百年の長計でありましょうか。「リンカーン」の有名なる格言の中に「単に一時的であれば或いは総ての世人を欺き得るであろう、しかしながら、永遠に亘って総ての世人を欺くことは為し得らるるものではない。」という言葉があります。国家の生命は永久なるべきものであるから、一時の功を奏したる権謀術数も、何日かはその国の為に重大なる禍を来らすことがあるものと覚悟しなければなりませぬ。仏教に説くところの「因果応報」の理は、国際関係に於きましても行われ得るものであります（前掲『幣原喜重郎』二七二～二七三頁）。

外交の本質が権謀術数ではない、というのであれば、いったいそれは何か。幣原は次のように説明する。

幣原外交の実体は何かと、しばしば世間から聞き質されたが、それは一＋一＝二あるいは、二二が四というだけである。それに対して二一天作〔そろばんでの十割る二の意味〕の六、もしくは二二が八というような、道理に合わないやり方、相手を胡麻化したり、だましたり、無理押しをしたりすることを外交と思ったら、それは大間違いであって、外交の目標は国際間の共存共栄、即ち英語でいわゆるリヴ・エンド・レット・リヴということにあるのだ。（幣原前掲書二七七頁）

しばしば外交に関して「勝利した」云々と表現される場合があるが、幣原によればそれは誤りであって、外交とは勝ち負けではなく道理に合わせるものなのであった。強いて言えば、「帝国の権益を擁護増進すべきは論を俟たない。しかし相手にも同様に権益の主張がある。その場合には両者の中間に於て、なるべく吾に近い一致点を発見する」のが幣原外交の要諦なのであった（清澤前掲書四二四頁）。

したがって、幣原は、自国の主張や利益を相手国に認めさせる場合には、それが相手国にとって利益となるかどうかを常に考慮した。

その好例が、海軍の軍縮と極東・太平洋問題に関する国際会議であるワシントン会議（一九二一年一一月～二二年二月）に駐米大使として彼が出席した際のエピソードである。

同会議で米国と日本で防衛の具体的条件について食い違いが生じ、日本全権の加藤友三郎がほぼ匙を投げだすような事態になった。これが解決しないと海軍の比率も決まらず、軍縮会議自体が決裂する恐れがあった。その時、病を押して会議に出席していた幣原が「僕に一つ考えさせてください」と加藤に言って、「双方の意見を折衷したような一つの対案を執筆」して、それによって日米が合意に至り、問題の解決が図られている（幣原前掲書六八～六九頁）。

また、太平洋戦争末期、近衛文麿は、昭和天皇の親書を持ってソ連に行き、直接スターリンと和平交渉をしようと考えた。このことを近衛が在野の幣原に相談すると、幣原は次のように猛反対した。

私は、「僕は絶対に反対です」ときっぱり答えた。そして、「そんなことをして目的を達するわけがありません。陛下の御信書に重きを置いて、先方がその決心を再考すると思われますか、それは目的を達しないのみならず、ついには累を皇室に及ぼすから、私は絶対に反対だ」

と強く主張した。すると〔近衛〕公は、「そうでしょうかね」といって、反駁もせずに別れたが、結局公のソ連行きは計画だけで、行かないことになった。

それは確かに行かなくって良かったのである。もし行ったとすれば、それは実に笑い物以上の何ものでもなかったであろう。

列国はヤルタ会議をやってスターリンを取り込み、ソ連を対日戦争に参加させ、その代わりに樺太を全部やるとか、千島をどうするとか、食わすに利をもってしている時、日本からは何一つ持って行く土産がない。ただ陛下の御信書などという、ソ連に取って少しもありがたくない土産で、スターリンがこれに耳を傾けるなどと思うのは全く見当違いであったといわねばならない（同書二一一～二一二頁）。

このように共存共栄の外交理念の下、交渉時に自国側の主張だけをせず、相手国の利益を常に考える幣原の外交姿勢は、一九四六年一月二四日のマッカーサーとの会談でもいかんなく発揮されたといえよう。「平野文書」を見れば、幣原は、日本の戦争放棄がアメリカの戦略や共産主義国に対してどのような影響を与えるかを事前に十分検討した上でマッカーサーに戦争放棄を提案したことが分かるのである。

すなわち、戦争放棄条項がアメリカの戦略に対する影響について、幣原は次のように説いたのである。

日本がアメリカの尖兵となることが果してアメリカのためであろうか。原子爆弾はやがて他国にも波及するだろう。次の戦争は想像に絶する。世界は亡びるかも知れない。世界が亡びればアメリカも亡びる。問題は今やアメリカでもロシアでも日本でもない。問題は世界である。いかにして世界の運命を切り拓くかである。日本がアメリカと全く同じものになったら誰が世界の運命を切り拓くか。〔略〕その悲劇を救う唯一の手段は軍縮であるが、ほとんど不可能とも言うべき軍縮を可能にする突破口は自発的戦争放棄国の出現を期待する以外ないであろう。〔略〕幸か不幸か、日本は今その役割を果し得る位置にある。〔略〕貴下〔マッカーサー〕さえ賛成するなら、現段階に於ける日本の戦争放棄は、対外的にも対内的にも承認される可能性がある。歴史のこの偶然を今こそ利用する時である。そして日本をして自主的に行動させることが世界を救い、したがってアメリカをも救う唯一つの道ではないか。

また共産主義国に対する影響については、幣原は、日本の戦争放棄が共産主義者に有利な口実を与えるという危険は実際あり得るが、世界の共通の敵は戦争それ自体である、世界は当分資本主義と共産主義の宿敵の対決を続けるだろうが、マルクスとレーニンの主義の論理や予言はやがて歴史の彼方に埋没して終うだろう、本当の敵はロシアでも共産主義でもない、世界の共通の敵は戦争それ自体である、という。

幣原が自身の透徹した分析を踏まえてマッカーサーに説く説得力には驚くべきものがある。特に、一九一七年のロシア革命によって誕生したソビエト連邦は、幣原の見通しどおり、一九九一年には崩壊してしまい「歴史の彼方に埋没して終」っている。まさに「世界の共通の敵は戦争それ自体」なのであった。

そして、マッカーサーにこのように説得する幣原には、敗戦国の代表としての卑屈さやへつらいが一切感じられない。むしろ彼は、対等な友邦の立場で日本の新憲法への天皇制と戦争放棄の二点セットの明記という自分の主張を述べ、それによるアメリカのメリットを提示し、その憂慮の払拭に努めており、そこには、かつて大国外交を体現した日本を代表する外交家の姿があった。

## 幣原の協商主義・反同盟主義

マッカーサーに対する説得において特に注意すべき点は、彼が、日米親善は必ずしも軍事一体化ではない、日本がアメリカの尖兵となることはアメリカのためにならない、と断言した点である。これはレトリックではなく彼の信念であった。

「尖兵」とは行軍中本隊の前方を警戒して進む小部隊のことであり、本隊が親分とすれば尖兵は子分である。通常は、主権が平等の国家間で親分子分の関係になることはないが、同盟関係を結ぶ国の間に強弱の関係がある場合は、弱国は強国の意向に左右されて尖兵となる場合が多い。それに対して幣原は、アメリカとは親善に努めるが、そのような同盟関係は結ばない、ときっぱり述べているのである。

それは、彼が同盟を嫌い、協商を貴ぶ外交官であったからだった。

同盟とは共通の目的のために同一行動を取る盟約を結ぶことであり、協商とは友好関係を結んで係争点を調整することだが、どうして幣原が同盟を嫌い、協商を重んじたのか。彼の説明を聴こう。

およそ同盟というものは、歴史に顧みるまでもなく、どこかの国を対象とするものです。例えば日英同盟は、当時満州において撤兵を実行せず、帝国主義、侵略政策のロシアが対象であった。二つの国が同盟すれば、その対象と認められる第三の国から反感をもって迎えられる。つまり同盟は友邦を少なくする。国際平和を求めて、かえって国際不安を起すことになる。これに処するには、同盟でなく、協商ということがよい。その好い例は英仏協商です。それはどういうことかというと、イギリス、フランスの間には、永い間にいろいろ面倒な問題が纏綿《てんめん》〔いつまでも続くこと〕していた。それで考えられたのが英仏協商でした。それによって両国の接近を妨げる懸案を一掃したのです。これについで両国民間に好感が漲って来た。その新関係は友好協商（アンタント・コルジアル）と称せられるに至った。協商は両国間に、紛争の原因を除くことが本旨であって、第三国を対象とするものでないから、第三国から反感を招く理由がない（幣原前掲書一五四頁）。

そのように協商を重んじた幣原が起草したのが、ワシントン会議の四か国条約であった。ワシントン会議では、軍縮問題とは別に極東・太平洋問題が話し合われた。そして、日英同盟についても議論になった。オーストラリアとニュージーランドは日英同盟によって自国の安全が図られるとしてその継続に賛成だったが、アメリカは日英同盟があると思い切った軍縮が進まないとして反対、カナダもアメリカとの関係を円滑にするために日英同盟に反対した。そこで、イギリスは、日英同盟に代わるものとして、日英米三国の軍事同盟を提案した。しかし、当時の米国は伝統的なモンロー主義を執り、他国との同盟を結ばない方針だった。そこで病床にあった幣原はいろいろ思案した末、日英同盟に代わって「協議条約とでもいうべきコンサルタティブ・パクト、つまり重大問題が起こった場合、互いに相談し合うという協約にしたら、何も同盟で縛り付けるものではないから、これならアメリカも乗るだろう」と考えて（同書六三頁）、その趣旨の条約案を起草した。その条約案にはアメリカの意向でフランスも加わって四か国条約（「太平洋方面に於ける島嶼たる属地及島嶼たる領地に関する四か国条約」）となって締結されたのである。

ワシントン会議の結果生まれたこの四か国条約と中国の門戸開放に関する九か国条約と海軍軍縮協定によって新たな国際秩序であるワシントン体制が生まれた。これは本質的に米・英・日の三国間の協調を基軸とする現状安定システムであり、一九二〇年代の日本はしばらくの間経済的な繁栄を謳歌することになり、日本の国際的地位も躍進したのであった（清澤前掲書四一九頁、有賀他『概説アメリカ外交史』八九頁）。

## 経済外交と憲法九条

幣原は、新憲法成立後に「戦争放棄」と「徹底平和」に関する演説を幾度も行い、戦争放棄後の政策について国民に理解を求めたが、その草稿には次のような言葉がある。

新日本は厳粛な憲法の明文を以て戦争を放棄し、軍備を全廃したのでありますから、国家の財源と国民の能力を挙げて、平和産業の発達と科学文化の振興に振り向け得られる筋合であります。従て国費の重要な部分を軍備の用に充当する諸国に比すれば、我国は平和的活動の分野に於いて、遥かに有利なる地位を占めることになりましょう。今後尚若干年間は我国民生活に欠乏と不安が続くものと覚悟しなければなりませぬけれども、国家の生命は永遠無窮であります。人間万事は塞翁の馬であります。この理を悟ってみれば、当分の受難時期は偶々我々並びに我等の子孫に尊い教訓を垂れるものとして、禍を福に転ずるの意気込みが茲に沸いて来るのであります（前掲『幣原喜重郎』六九五頁）。

幣原は、敗戦で破たんした日本経済の復興において憲法九条の戦争放棄が非常に有利であると訴えている。戦争放棄の経済に与える好影響に着目したのは、商いの都である大阪の出身で、外相時代に経済を重視する経済外交を進めてきた幣原ならではの着想であって、この点も憲法九条幣原発案説の論拠を補完するものと言えよう。

## 幣原の外交手法――秘密交渉主義・反国際会議主義――

今まで幣原の外交理念を述べてきたが、今度は、そんな幣原が得意とする外交手法とはどのようなものかを明らかにしたい。

それは秘密交渉主義、反国際会議主義である。

秘密交渉主義は秘密外交とは異なる。

秘密外交とは秘密条約を結ぶことで、第一次世界大戦の最中に帝政ロシアから政権を奪取したボルシェヴィキが、帝政ロシア時代の政府が連合国と結んだ秘密条約を暴露した。

それに対抗する形で、大戦に参戦したウィルソン米大統領が秘密外交の廃止や民族自決など「十四か条」の戦後秩序構想を発表している。それにもかかわらず、第二次世界大戦最中のヤルタ会談では、ローズヴェルト米大統領がソ連の対日参戦を確保するためにソ連のスターリン、英国のチャーチルと秘密協定を結んでいる。

このように、当事国だけが承知して他国が知ることのできない取り決めが秘密外交である。

一方、秘密交渉とは、当事者が外交交渉のプロセスを公開せずに秘密裡に直談判することである。

秘密外交には秘密交渉が伴うが、公開される条約の締結や国家間の取り決めには、国際会議等多数の国の代表同士で交渉したり、当事国と仲介国の代表が交渉したり、当事国の代表だけで直談判されるものがある。国際会議では交渉のプロセスは公開されるが、当事国と仲介国、もしくは当事国同士の場合は、交渉のプロセスは秘密にされる場合が多い。

このような複数ある外交スタイルに関して、幣原は、国際会議での公開される交渉については否定的であって、当事国が秘密裡に直談判する交渉スタイルを好んだ。

先ほど述べた四か国条約の草案を議論する会議についても、幣原は、「公けの会議ではなく、〔米国全権の〕ヒューズ氏の私邸の書斎で秘密に催された。ヒューズ氏と〔英国全権の〕バルフォア氏と私と、それにフランスの全権のサロー氏を加えた四人の会合であった」と『外交五十年』で語っている（幣原前掲書六四頁）。彼が駐米大使時代にカリフォルニア州で排日移民問題が重大化すると、幣原は、米国国務長官のコルビーを訪ね、日本の事情を知っている前駐日大使ローランド・モーリスと日本の移民問題について自由に話し合いをしたいと提案する。その提案はコルビーの賛意を得て四か月間に渡って毎週一回幣原・モーリス会談を行った。二人はあらゆる角度から移民問題を検討し、それをもとに条約を結ぶ考えであった（同書三七〜四三頁）。その他、幣原の『外交五十年』には、昭和六年第二次若槻内閣の頃、パリ平和会議の際に広東政府代表だった陳友仁と彼が秘密に会談したことなどを回想する話（同書一五一頁）など秘密交渉の成果がいくつも掲載されている。

当事者間での秘密交渉を重んじた理由について、彼は、それが奏功したエピソードを交えて次のように語っている。

それは、一九二九年、中ソで東支鉄道の紛争が起こった時、彼が秘密交渉を行って紛争を解決させたエピソードである。

この事件は実に危いところまで行って、幸いに戦禍を見るに至らなかったが、もし私が両国の間に立って一切を秘密にしないで発表していたら、果たしてどうであったであろうか。両国とも面子の問題があるから、必ずや世界の面前で、自国の立場を固執し、戦争にまで発展したであらうと思う。新聞記者諸君からは攻撃を受けるに違いないが、私がこうした秘密外交〔厳密に言えば秘密交渉〕をやったために、この危機は救われたのだと、私は自賛していた（同書一一五頁）。

その彼は、国際会議に紛争を持ち込むことを非常に嫌った。なぜなら、そうなると面子の問題で各国の雄弁大会となり、収まるものも収まらなくなるから、というのがその理由である。

満州事変勃発直後、幣原外相の下で駐華公使を務めていた重光葵から中国国民政府外交部長の宋子文と直接交渉を行うとの報告が幣原に寄せられた。幣原は、これはよい具合だと大いに喜んで、まず陸軍大臣にその話をし、天皇にも奏上し、重光を激励する返信を送った。ところが、「その後、待っても待っても重光公使から報告が来ない。しばらくしてよこした電報によると、宋子文のいうには、自分も直接交渉によって問題を解決しようと思ったが、中国政府はすでに国際連盟に持ち出してしまった。中国の大官連は、国際連盟の力によって日本を抑えよう、その方が早道だといって日本と直接交渉をしないことにきまったから、もう自分の力では直接交渉は出来ないという返事であったと、南京における交渉の断絶を報告してきた」（同書一七七〜一七八頁）。

そこで幣原は、駐日中国公使の蔣作賓と会見して次のように述べたという。「貴国では柳条溝事件をジュネーヴへ提訴したそうだが、これは迂闊《うかつ》な話だ。連盟の席上では、東洋の事情を知らない国が論議して、雄弁討論会の観を呈する。そうなると、どの国も悪かったといって、頭を下げるわけには行かない。やはり自国を弁護して、強気な演説をしなければならない。それでは話が纏まるものではない。これはどうしても日華の間で直接交渉によるのが最善の道だと思う。〔中略〕国際間の問題にするまえに、直接利害関係の両国の代表者が、互いに顔と顔をつき合わせて、心と心とで交渉するならば話の纏まらぬことはあるまい」と（同書一七七〜一七九頁）。

以上で述べた秘密交渉主義を重んじる幣原の外交スタイルを考えると、一九四六年一月二四日のマッカーサーとの会談は、その面会の趣旨は、彼がマッカーサーに対して、贈与されたペニシリンによる病気全快のお礼が名目だったが、実際には新憲法問題に関する秘密交渉、すなわち、新憲法に天皇の地位と戦争放棄をセットで入れるようにマッカーサーから命令してほしい、という依頼を目的とした外交交渉だったと考えてほぼ間違いない。

幣原は、マッカーサーに対して、一月二四日の正午にマッカーサーとアポイントメントを取り、それから三時間という長時間の会談を行っている（前掲『幣原喜重郎』六七四頁）。単なるお礼であればせいぜい二、三〇分で済むであろう。それ以前に、常識から言って正午は面会を避ける時間であって、正午に面会時間を設定する場合はただ一つの目的以外にありえない。その目的とは、昼食を一緒に取りながらフランクに話をする、ということである。まして片や多忙なマッカーサー、此方《こなた》は病み上がりで三日前にようやく病気完治の御礼を天皇に言上し、欠席時の政務のキャッチアップに忙しい幣原である。二人が長時間の会談を行ったということは、あらかじめその時間を確保しなければできない。したがって幣原は事前にマッカーサーに、食事をとりながら長時間話し合いたい、という申し入れをし、マッカーサーがそれを受け入れたのが真相であろう。ペニシリンに対するお礼はその目的の一部であったであろう。しかし、二人の回想やマッカーサーのその後の動きを考えると、ペニシリンのお礼よりも、新憲法における天皇の地位と戦争放棄条項が会談の主な目的であったと結論付けるほかない。

## 幣原個人の性格―正直、意気に感じる性格―

本章のおわりに、幣原の外交理念は幣原個人の正直で真面目な性格にも依拠することを述べたい。彼の生まれ育った大阪は商いの都ゆえに大阪人気質は正直で信用第一、勉強熱心であるが、中でも幣原は「ばか」がつく程正直であった。

そのエピソードとして、彼がアメリカから帰国する際、一番運転しやすいと聞いたキャデラックを買って日本へ持ってきた時のエピソードを紹介しよう。

横浜港に着くと、幣原はさっそく税関で、この車はいくらで購入したのか、と聞かれた。彼は、アメリカで買った値段の受取証を持っていたから、それを出して見せると、税関は、「こんな物を正直に見せたりする人はありませんよ」と、およしなさいと言わぬばかりであった。そして、「これは新しい物ですか、それとも向うで使っておられた自動車ですか」と聞く。車は買ったばかりで、まったく新しいのだから、「いや、まだ使わない、そのまま持って来たんだ」と彼が言うと、もしアメリカで使っていたのなら、それは引越し荷物で無税になるのだ、との説明を受けて、幣原が正直だから気の毒だとして一番安い税ですませてくれたのであった（幣原『外交五十年』三一四～三一五頁）。

マッカーサーについては、彼の回想録には誇張や事実誤認が多い、と指摘されているが（たとえば、前掲『マッカーサー大戦回顧録』五〇二〜五〇三頁）、幣原は真正直であって、外交上秘密にすべきことについては口を閉ざすことはあっても、車の例に見られる通り、彼は、嘘がつけない人物であった。その人物の口述を記録した「平野文書」の内容である。あるいは幣原の記憶違いや、平野の聞き違いが多少含まれる可能性がゼロとは断言できないが、少なくとも嘘は無いと考えられる。その幣原が憲法九条は自分の発案だと述べているのだから、それは信ぴょう性が高いというよりも信ずべきものなのである。

その一方で、幣原は、「人生意気に感ず」を地で行く義侠心のある人物であった。義侠心もまた大阪人気質と言えるが、大阪中学校時代からの親友である浜口雄幸が立憲民政党初代党首として総理大臣に就任し、その後に東京駅で遭難した際、外相だった幣原が臨時首相代理にも就くように声が上がったが、彼は政党人では無く、当時腎臓結石で苦しんでいたので固辞した。しかし、病床の浜口から「貴様そんな無理いわずに、僕のためだと思って引き受けてくれんかい」と泣き声でしんみり言われ、「そうか。君に心配させて済まなかった。それじゃ僕に出来るかどうか知らんが、とにかくやってみよう」と引き受けたのであった（幣原前掲書一四二頁）。

その幣原が一九二三（大正一二）年、駐米大使を終えて帰国すると、ほどなく摂政の宮すなわち後の昭和天皇に拝謁を仰せつかった。彼が宮中より退下して帰宅するとしばらくの間座敷に正座し瞑目して大泣で落涙している。それを目撃した肉親は、幣原があんなにひどく落涙したのは妹が亡くなった時のほかは見たことがない、と述懐するほどであった。なぜ幣原がそこまでに落涙したのか、その理由は伝えられていないが、摂政の宮への拝謁でよほど身に余る光栄と感激を覚えたからに相違なかった（前掲『幣原喜重郎』二五〇頁）。

満州事変後に若槻内閣が総辞職して外相だった幣原も下野し、それから日中戦争・太平洋戦争を経て敗戦までの一四年の間、彼は失意と不遇の時を過ごした。戦争末期の一九四五年六月、憲兵隊から釈放された吉田茂が、鈴木貫太郎首相に和平を説かせるために幣原喜重郎を引き出そうとして側近の市川泰次郎に幣原の住居を探させた。

市川がようやく幣原宅を訪ねて応接間に通されると、すぐに幣原が出てきた。しかし、幣原の様相は、「非常にやせて生気がなく、がくがくとあごをならし、手も震え、まことに老齢そのもの」だったという。その後に幣原は吉田と面会したが、彼は迷惑そうでなかなかうんと言わずに、その会見は要領を得ずに二〇分くらいで終わってしまっている（同書五四四〜五四六頁）。

それでも幣原は、敗戦直後に「終戦善後策」をまとめて吉田に手交するなど敗戦後の日本に建策を行っている。その当時の心境は、「小生は老来今日に至りても毫も余生を惜しむの意なきも、最早体力著しく減退して到底激務に耐へざるを自覚しながら、責任の衝に立つの不誠実を痛感致居候」、体力的に責任ある立場に立てないというものであった（同書五四八〜五五一頁）。

そんな状態だったから、幣原は鎌倉で余生を送ろうと考え、引っ越しの準備を始める。それが済んで自分も門を出ようとした一九四五年十月六日、宮内省から突然呼び出しを受け、慌てて参内すると天皇陛下に拝謁するように言われ、早速拝謁すると天皇は幣原に内閣組織の大命を下した。幣原は引請ける自信がなかったのでご勘弁を願ったが、天皇は、ともかくも努力するように重ねて下命した。

この時の様子を後に幣原は「（陛下と）お話申し上げているうちにも、いかにもご心痛のご様子が拝察された。事ここに至ってはこのうえご心配をかけては相済まない。自分で出来ることなら、命を投げ出してもやらねばならぬ、と堅く心に誓うに至った。それで、『幣原にはこの大役が勤まるという自信はございませんけれども、全力を尽くして御意を奉じましょう』と申し上げて、御前を下がった」と語っている（幣原前掲書二一四頁）。体力的に自信がなかった幣原だったが、浜口の遭難の時と同じ彼の義侠心が発揮されたのである。そして、おそらくこの時彼は、昭和天皇が摂政だった二二年前の拝謁の際の感激も思い起こしていたことだろう。

「平野文書」で幣原が「僕には天皇制を維持するという重大な使命があった」と述べたが、それは、昭和天皇から大命を拝受したこの時の決意であったに違いない。

# 第八章

# 天皇の退位報道とＧＨＱの態度硬化

## 最初は日本案と妥協の余地ありと認識されたGHQ草案

話を新憲法のGHQ草案が初めて報告された一九四六（昭和二一）年二月一九日の閣議に戻そう。

松本がGHQ草案を閣議で報告すると、閣僚からは、GHQ案を承諾できぬという意見と共に、「〔我々が拒否して〕若しアメリカ案が発表せられたならば我国の新聞は必ずや之に追随して賛成するであろう、其際に現内閣が責任をとれぬと称して辞職すれば、米国案を承諾する連中が出てくるに違ひない、そして来るべき総選挙の結果にも大影響を与へることは頗る懸念すべきである」「先方の案は形に見る程大懸隔あるものとは思はれないから正面から反対する必要はない」「米国案は主義として日本案と大差無し」などの意見が出た（前掲『芦田均日記』①七七頁）。

ただし、ここで日本案というのは松本私案のことで、前述の通り、内閣として決定されたものではなかった。

そして、既述のように、その閣議の結果として二月二一日に幣原がマッカーサーと会談を行う。翌日、幣原が閣僚に説明した会談の内容から、閣僚たちは、GHQ草案の趣旨は、天皇の地位を安泰にし、各国に日本が再び侵略戦争を行う意図はないことを明らかにすることにあり、そのためにGHQ草案が採用した根本形式が象徴天皇と戦争の放棄であると認識したのであった。そして、その後の閣議で閣僚たちはいろいろと議論したが、幣原を含めた大勢の意見は、GHQ草案と日本案の「両案妥協の余地あり」というものであった（同書八〇頁）。そこで、その日の午後、松本が吉田と共にGHQを訪問して、GHQ案を了承する旨伝え、GHQ草案についていろいろと質疑を行った。その際は、GHQから、松本の優れた能力ならば、とお世辞まで言われて、三週間くらいで「日本文にて米国案〔GHQ草案〕の如きものを表現する」ように指示された（同書八二頁）。その日つまり二月二二日から三週間とは、三月一五日である。そこで、松本の下で二月二七日から新たな日本語版の憲法草案の条文作成が始められた。日本政府側の起草完了の目標期日は三月一一日であった（古関『日本国憲法の誕生』一六八〜一六九頁）。それはGHQ側の希望日よりも四日早く、先方の要望を十分満足させるスケジュールであった。

## GHQが憲法草案を極端に急がせる契機となった天皇退位に関する新聞記事

ところが、日本側が作業を開始すると急にGHQからもっと作業を早めるように繰り返しの督促が寄せられるようになった。そこで日本側も作業を早めて三月二日土曜日に日本案を完成させる。翌三日が日曜だったために四日に松本が内閣法制局の佐藤功と共にGHQを訪れて日本案を示した。

すると、GHQ内では空気が一変し、ケーディス等は張り詰めた様相であった。

そのまま日本案の審議が始まるが、ケーディスは翻訳が進むにつれて日本案とGHQ案との相違を指摘して怒り出す有様だった。夕方、松本は「健康上の理由」で退去したが、ホイットニーから「今晩中に確定案を作るように、できなければ明朝六時まで待つ」との指示が伝達され、そのまま佐藤とGHQのメンバーで日本案の逐条審議が始まった。結局、審議は翌五日午後四時までの三〇時間に及んだ。

そして、その五日の朝の閣議には、幣原と松本が深刻な面持ちで入場した。そして、松本は昨日までのGHQとの顛末を説明し、昨夜「マッカーサーも一二時迄頑張り多くの掛官は徹夜して働きたる由なり。今尚ほ佐藤は帰り来らず」と語った。

どうしてこのようにGHQの空気が一転し、焦燥していたのか。

『芦田均日記』はこの時の模様を次のように記録している。

> 何故に司令部〔GHQ〕がかくも焦慮せりや。総理を始めとして二、三閣僚の意見によれば、昨日〔「先日」の誤植〕の読売新聞に掲載せる天皇御退位に関する電報、及ワシントンの極東諮問委員会

（極東委員会）の悪気流は著しくマッカーサーの立場を困難ならしめたるもの、如く、殊に読売の記事が米国記者の手より出たる事実に照してマック〔アーサー〕に一大打撃たりしを推知しうべし。

幣原総理は昨日拝謁の際、陛下に対して読売記事に言及し、誠に困ったことを書いたものでありますと申上げたるに、あの記事の件は宮内大臣より聞けと仰せられた（前掲『芦田均日記』①八八～八九頁）。

マッカーサーとGHQ民政局の憲法草案起草チームに衝撃を与えたのは昭和天皇の退位に関して報じた「読売新聞」の記事であった。そしてその記事については幣原も困惑し、昭和天皇も憂慮して宮内大臣に調査を指示していたものであった。

その記事にはいったい何が書かれていたのか。

それは、実際には、同年二月二七日発行の「読売報知」新聞のトップ記事である。読売新聞社は、戦争中に行われた新聞統制で報知新聞社を吸収合併し、その当時は新聞名を「読売報知」としていた。

その記事は、米国の通信社であるAP通信の東京特派員ラッセル・ブラインズがAP通信に投じた記事の内容を紹介するものである。その「読売報知」の記事では、大見出しに「御退位めぐって　皇族方は挙げて賛成　反対派には首相や宮相　宮廷の対立明るみへ」と掲げ、「陛下に退位の御意思」「摂政は高松宮を」「皇位の将来に両意見」「幣原氏首相は反対派」と見出しを区切って、冒頭に「宮内省の某高官によれば、天皇御自身は適当な時期に退位したいとのご意志を漏らされている」と述べて、AP通信に加盟している米国の新聞社や放送局に日本の天皇が退位の意向であることと退位問題をめぐって皇族と宮廷・政府内に意見の対立が存在していることを伝えている。

特に問題となる記述は、昭和天皇が退位の御意志を漏らされている理由が「天皇が御自身で自己の戦争責任を引受られるため」であるという箇所と、「退位に賛成するものは天皇は戦争にたいし〝道徳的、精神的な〟責任があるとしている、また日本の最高要路者も多くの公文書が失われ戦前における主要な事件に関係したものの記憶がチグハグになっている今日天皇が戦争の開始にどのような直接の関係があるかを決定することは困難だとしている」という箇所、そして、天皇の退位については多くの皇族方が賛成しており、「幣原首相と松平宮内大臣とは目下の御退位反対論者中にあるといわれる」という箇所であった。

既述の通り、すでにマッカーサーは米国統合参謀本部に対して調査の結果天皇には戦争責任がない、というレポートを提出しており、さらに、天皇の地位を明確にする新憲法のGHQ草案をベースに日本政府が憲法草案を詰めている真っ最中にAP通信の特派員からこのような記事が発信されたのだから、文字通りそれは、マッカーサーの立場を著しく困難に陥らせるものであり、まさに大打撃だった。さらに、多くの皇族が退位に賛成している中で反対しているのは（政府では）幣原首相だという報道は、昭和天皇の地位を必死で守ろうとしている幣原を孤立させ、その立場を悪化させるものだった。

この時期、読売新聞社は、社長の正力松太郎が戦犯容疑者指名を受けて退陣し、従業員組合長の鈴木東民が編集局長に就任し、左傾化した紙面づくりを行っていた。

一月二六日の「読売報知」のトップ記事は、社会党顧問高野岩三郎の憲法草案を取り上げて、「元首には大統領を　共和制の採用提言　高野博士の新憲法草案」を大見出しに掲げている。そして、その記事の中では、高野の発言の「現在の天皇の戦争責任は免れないと思う、去る〔一月〕四日の公職よりの追放指令から考へても大元帥で国家元首といふ最高の公職にある天皇は当然何らかの責任を取られるものと考へる」「私の特に希望するのは社会党、共産党、農民組織、労働組合、文化団体、言論機関等人民の組織の代表者が集って場所は東京、時期は五月中旬前後に人民が自主的に民主主義的憲法制定会議を招集して欲しい、この会議は政府に対する請願の会議でなく、我々人民の生活の根本原則たる憲法制定を要望する人民自身の会議でなくてはならない、これを社会党、共産党が中心になって是非やってもらいたい」と詳細に紹介している。「読売報知」の題字の右の「重要記事」の筆頭に「高野博士・共和制提唱」と掲げる力の入れようである。その一方で、一月三一日の同紙のトップでは、政府が連日閣議で憲法改正案について論議をしていることも報じている（「連日閣議で論議　憲法改正案決定急ぐ」）。

高野岩三郎の主張による天皇の戦争責任と共和制を謳う新憲法案、人民の自主的憲法制定会議の提唱、これらをトップ記事として大々的に紹介する「読売報知」は、世論の形成に大きな影響を与えていた。

そのことを前提に二月二七日の同紙のＡＰ通信の電報記事について考えると、その対応として、マッカーサーが日本政府に一刻も早くＧＨＱ草案を元にした憲法草案を公表させ、新憲法における天皇の地位の既成事実化を図ることに努めていたことがよく理解できる。

前述の三月五日の閣議は、午前中、この「読売報知」のＡＰ通信特派員の電報記事とＧＨＱの焦燥について議論され、昼食後引き続いて閣議が行われた。その最中、出来上がった分の日本語の憲法草案を白洲がＧＨＱから持参してきた。白洲は、その日中に政府がそれを受け入れるかどうか返事が欲しい、とのＧＨＱ側の要請を伝える。

そこで、その夕方に幣原と松本が参内して既述の通り天皇に御聴許を乞い、天皇は「これでいいじゃないか」と内閣に一任する旨仰せになり、憲法改正の勅語の奏上も受けられた。

そこで六日の閣議で引き続き憲法の文言の調整や総理大臣談話の文案を検討し、午後五時に新聞に政府の憲法改正草案（「憲法改正草案要綱」）全文を発表することになったのである。その記事は翌三月七日の各紙に一斉に報じられ、それは多くの国民に歓迎されて、高野の訴えた共和制を採用する新憲法や人民の自主的憲法制定会議なども消え去った。

実は、政府の憲法改正草案が新聞各紙に発表される前日の三月六日朝、それは天皇がGHQ草案による新憲法の日本案を聴許された五日の夜から半日後の朝に配達された「読売報知」のトップ面に、ある外信のスクープ記事が掲載された。

それは、トップ面最大の文字級による大見出しと特大の本文の文字で次のように書かれていた。

憲法改正後に退位か

【アンカラ放送四日RP】（共同）東京報道によれば　日本天皇は憲法改正終了後退位の手続に署名されるはずといはれるが、東久邇宮も『天皇は皇位にとどまることを欲しておられないから退位されればご満足であらう』と語っておられる

このスクープ記事をマッカーサーと幣原はどんな気持ちで読んだのだろうか。おそらくそれは、誤報道に対する憤慨よりも、どうにかこうにかギリギリで間に合った、という安堵の気持ちだったであろう。「昨夜、『憲法改正草案要綱』が聴許され、新憲法に天皇の地位が明記された、これからは天皇陛下に日本の民主主義の指導者になって頂く、そのことで共和制を訴える新憲法に関する議論も、天皇退位論も収束させることができるだろう」という確信であったであろう。

事態はそれほど逼迫したものだったのである。

もし、マッカーサーと政府が大急ぎで「憲法改正草案要綱」を発表しなかったら、天皇の退位問題と憲法改正問題はどうなっていたであろうか。

このことについて考えなければならないのは、三国軍事同盟を結んで日本と共に戦って敗れたイタリア王国のケースである。

## イタリア王国　国王の退位と王政の廃止、イタリア共和国憲法の成立

一八七一年に統一を完成したイタリア王国は、一八四八年に旧サルジニア王国が制定した憲法を王国の憲法とした。

第一次世界大戦後の一九二二年にファシスト党のムッソリーニが起こしたクーデターの後、一八四八年憲法は形式的に残ったが、ムッソリーニは独裁政治を行った。

一九四〇年六月、前月にブリュッセルを占領したヒトラー率いるナチス・ドイツがフランスに総攻撃を掛けると、ムッソリーニは英・仏に宣戦布告をして参戦する。

しかし、一九四二年七月にイタリア本土南部に連合国軍が上陸すると、次第にイタリアの敗北が明らかになる。一九四三年七月、ムッソリーニ政権は倒れ、国王の命によって組閣したパドリオは、連合国に対して同年九月に無条件降伏する。その後、イタリアは、ドイツに救出された

ムッソリーニと内戦状態に陥るが、一九四五年春にはムッソリーニも処刑されて内戦が終わる。

同年、連合国の占領下で新たに成立した臨時政府は、王政の廃止の是非を問う国民投票の実施を決定。それにあわせて、国王が退位して皇太子が新国王となり、新国王は、政体の選択は国民の意思に従うと表明した。

政体を決める国民投票は一九四六年六月に行われ、その結果、共和制が多数派となって王政は廃止、王家は国外追放となった。

憲法については、同国民投票にあわせて憲法議会の選挙が行われてその議会で審議された。そして、共和制を採用した新しい憲法は、連合国との平和条約の締結（一九四七年二月）の直後の一九四七年一二月の憲法議会で議決されて成立し、翌四八年一月一日から施行された。

このように、イタリア王国では、連合国軍の占領下の一八四五年に国王が退位して皇太子が新国王となっていた。そして、同国ではその当時既に、王政そのものの是非を問う国民投票の実施や憲法の改正も日程に上がっていた。これらの事実は、一九四六年二月に活動を始める極東委員会の参加国としては周知の事実であった。

一九四八年に施行されたイタリア共和国憲法では、既述の通り、「他国民の自由を侵害する手段として、および国際紛争を解決する方法として、戦争を否認し」と定めている（第十一条）。

その一方で、「祖国の防衛は、市民の神聖な義務である。兵役は、法律の定める制限及び態様において、義務的である。その履行は、市民の労働の地位または政治的な諸権利の行使を害することはない。軍隊の秩序は、共和国の民主的精神にもとづいて作られる」と定めており（第五二条）、祖国を防衛するための自衛戦争は明確に肯定している。その上で、「共和政体は、憲法改正の対象となることが出来ない」（第一三九条）として、王政の復活を認めていないのである（「イタリア共和国憲法」前掲『世界憲法集』）。

なお、もう一つの敗戦国であるドイツについて概観すると、ドイツは、第一次世界大戦末期の一九一八年に革命が起こり、一九一九年に議会制民主主義を謳うワイマール憲法が成立し、ドイツ帝国が打倒されてワイマール共和国が成立している。

しかし、ナチスの台頭を受けて一九三三年にヒトラーが首相になり、翌年、ヒトラーはワイマール憲法に拘束されない無制限の立法権を政府に与える全権授権法を成立させてワイマール憲法と共和国を崩壊させ、独裁政治を開始した。

第二次世界大戦の末期の一九四五年四月にヒトラーが自殺すると、彼の遺書によって大統領に指名されたデーニッツが暫定政権を率いて連合国に無条件降伏を行う。しかし、その暫定政権は連合国から政府として認められずにデーニッツは戦犯として逮捕され、ドイツは中央政府が存在しない状態とされて（ベルリン宣言、一九四五年）、米英仏が西ドイツ、ソ連が東ドイツを分割占領することになった。

したがって、GHQが憲法草案を日本国政府に提示した一九四六年二月当時、ドイツは東西に分断された上にそれぞれソ連と英米仏の占領軍政下にあった。ドイツは日本よりも過酷な運命にさらされていたのであった。

その後、米ソの冷戦の進展によって東西ドイツの分断は固定される。

西ドイツにおいては、一九四八年に占領して軍政を敷いている米仏国がベネルックス三国と共に討議を行い、西ドイツに憲法を制定させる方針を決定する。この方針に基づいて、一一のラント（州・邦）の代表者からなる憲法制定会議で審議が行われて、占領軍の軍政下の一九四九年五月にドイツ連邦共和国基本法が決定、同月、三分の二以上のラントの議会で採択されて公布された。同年九月には軍政から民生に移行されたが、連合国の占領が終結して西ドイツが独立を回復したのは日本より四年も遅く、一九五五年になってからであった。そして、東西ドイツは冷戦の終結を受けて一九九〇年に統一されたが、同基本法は、既述のとおり一部を改正した上で効力が継続している（前掲「ドイツ連邦共和国基本法」同書）。

## 一九四六年総選挙と険悪な社会情勢――もし「憲法改正草案要綱」が遅れたらどうなっていたか

転じて日本の当時の状況を考えてみよう。

幣原内閣が「憲法改正草案要綱」を発表した一カ月後の四月一〇日、従来は選挙人が満二五歳以上の男子、被選挙人が満三〇歳以上の男子に限っていたものを前者が満二〇歳以上の男女、後者が満二五歳以上の男女とした改正衆議院議員選挙法による初の総選挙が挙行された。

その結果は、自由党一四一名、進歩党九四名、社会党九三名、協同党一四名、共産党五名、無所属八一名、諸会派三八名という極めて不安定な政治情勢となった。幣原は、辞任せずに憲法改正まで責任を持つことを訴えたが、各政党やマスコミから居座りだとして一斉に攻撃されて四月二二日に内閣総辞職に追い込まれてしまった（前掲『幣原喜重郎』七〇〇頁）。

それから一カ月の間、政界は混迷状態を続けるが、その頃の社会情勢は深刻な食糧危機の中で険悪そのものであった。総選挙の直前の四月初めには幣原内閣打倒国民大会が日比谷公園で開かれ、共産党の指導で何千何万という群衆が総理官邸に押し寄せ、警察隊の発砲事件が起こり、占領軍の装甲自動車や武装ジープが警戒に出動した。幣原内閣が総辞職するまで総理官邸へのデモは毎日のように続いた。五月一日に宮城前広場で開かれたメーデー集会には五〇万の労働者が参集、同じような集会は国内各地で行われ、赤旗の波は全国を圧したと当時の新聞に伝えられるほどで、民心の動揺は激化していた（吉田茂『回想十年』第一巻　一三八頁）。

旧憲法の下では、後継首班の奏請は現職総理の責任であったために、その間、幣原は、進歩党に入って自ら総裁となり、まず進歩、自由、社会の三党連立内閣組織を企て、次いで、自由・社会各党の連立内閣を案画する。しかし、社会党からは首班でなければ参加できないと主張されてこれを断念、三転して自由党の単独内閣を組織しようとした。ところが、自由党党首の鳩山一郎が突然公職追放となって失敗、そこで幣原は社会党の片山哲を首班とし、自由党、協同党、共産党が閣内協力する勤労大衆による「救国政権」を樹立する方針を採ったが、憲法問題と食糧問題で根本的に相容れない対立が生じたために四党連立構想を断念、最後の策として吉田茂外相を総務会長とする自由党と幣原首相を総裁とする進歩党との連立内閣を企ててようやくこれに成功して、五月二二日に第一次吉田内閣が成立した（前掲『幣原喜重郎』七〇四～七〇六頁）。幣原は即日首相の任を去り、改めて吉田内閣に国務大臣として入閣し、ＧＨＱ草案をベースとする「憲法改正草案要綱」に基づく新憲法草案の議会審議と成立に尽くした。

ここにも憲法九条幣原発案説の有力な傍証がある。もし幣原が不本意ながらＧＨＱから戦争放棄条項を憲法に入れるように強制されていたとすれば、幣原内閣が総辞職した時点で、憲法改正に対する責任は免れたのであるから、あとは後継首班にすべて任せたであろう。しかし、実際は、今述べた通り、彼は「憲法改正草案要綱」に基づく日本国憲法が制定されるように社会党の片山を後継首班とする四党連立構想を断念し、吉田内閣で新憲法成立に尽力した。ここに幣原の「憲法改正草案要綱」すなわちGHQ草案に基づく憲法の成立に対する強い意思を認めるのである。

改めて、もし三月六日にマッカーサーと政府が大急ぎで「憲法改正草案要綱」を発表しなかったら、天皇の退位問題と憲法改正問題はどうなっていたであろうか、という発問を考えてみたい。

まず退位問題だが、これはさらに激化していたであろう。実際、さらに悪化する食糧危機の中で天皇に対する怨嗟の声が起こっている。五月一二日には、二千数百人の市民が食糧配給の遅配欠配に抗議する「米よこせ世田谷区民大会」が開かれ、天皇に回答を要求する緊急動議が可決、代表百一三名は赤旗を翻して皇居に入るという行動を起こした。「詔書　国体はゴジされたぞ　朕はタラフク食ってるぞ　ナンジ人民飢えて死ね　ギョメイギョジ」というプラカードを掲げた労働者も現れて不敬罪で起訴されたが、大赦で免訴となっている（『国民の歴史』二〇巻五二〜五三頁）。

一方、憲法改正問題については、一見するとGHQ案をベースとする新憲法案は、既述のとおり、もともと三月中旬にまとめるスケジュールだったので、その案は三月六日の草案に対して日本側の意向が盛り込まれた内容で総選挙前の三月中旬に発表されたと考えることができるように思われる。しかし、それは、他の要因がない場合の想定であって、実際にはマッカーサーが焦りに焦ったことを考えても、「日本国民の自由に表明せる意思」による憲法改正にこだわる極東委員会がそれまでに介入してきた可能性がある。実際に、五〇万人集まった前出のメーデー集会では、参集した労働者や市民が宮城前広場を「人民広場」と呼び変えて「民主人民政府の樹立」を叫んだ（前掲『国民の歴史』五二頁）。幣原内閣が「憲法改正草案要綱」を発表できなかった場合には、極東委員会がこのような日本の状況や既述の「読売報知」の共和制の主張を見逃すはずがなかった。さらに、万一、昭和天皇が退位されるような事態になっていれば、それは、天皇が戦争責任を認めたこととされて、憲法改正どころではなく、幣原内閣もその時点で総辞職に陥り、GHQ草案による憲法も幻となったであろう。もしそうなれば、天皇を戦争犯罪人にせよという極東委員会の圧力もさらに高まったであろう。

国王が退位して皇太子が即位し、その後に国民投票で王政が廃止されて共和国になったイタリアの事例は、日本に於いても決して他人事ではなかった。「平野文書」で幣原が、「実際はそんな甘いものではなかった」と告白した通りの状況だったのである。

# 第九章
# 国際政治理論による憲法九条発案者の検証

本章では、社会科学としての外交史研究を提唱するカナダのサイモン・フレーザー大学政治学部准教授の川崎剛氏が解説する国際政治の理論を用いて憲法九条の発案者が本当に幣原なのかどうかを検証していく。そのために、本章では、主に川崎氏の最近の著作である『社会科学としての日本外交研究』を参照することとする。

## 外交史研究と国際政治理論研究の統合の必要性

日本において外交史研究と国際政治理論研究は、潜在的に緊張関係にある。外交史家は、国際政治理論研究家のように「国際政治の歴史展開をモデルとして抽象化し、そのモデルの動態を歴史的事実を援用しつつ記述することに違和感を持つ」。一方の理論研究者は、「理論的前提を明らかにせずして、外交史料のみに頼って出てくる実証は、国際政治全体の理解にどれだけ役立つのか」と反論するのである。

現在、日本外交研究という分野では、外交史研究が圧倒的に強く、その質は高い。他方、日本における国際政治理論研究は「輸入学問」と揶揄されたり、「国際関係論」として学の対象ではないような呼ばれ方をする。

その一方で、日本国内では、外交史を研究する歴史学者は「国際政治学者」として取り扱われることが多いが、英語圏を中心とする世界レベルの国際政治学界は歴史学界とは明確に分かれており、そこでは政治学者が大多数を構成している。国際政治学は社会科学である政治学の一分野であって、人文科学である歴史学には属していない。社会科学である以上、理論や社会科学の方法論が国際政治学では重視されている。

カナダで日本外交史や国際政治学を研究する川崎氏は、日本における外交史研究の手法と欧米で発達した国際政治理論の両面で優れた研究成果を上げている立場から、「国際政治理論と日本外交史とが連携する研究」を提唱する。氏によれば、そのような「日本外交の理論的研究」を発展させることこそが、世界レベルでの国際政治学界の文脈において日本外交研究の地位を確立させていくために最も望ましい方法なのである（川崎『社会科学としての日本外交研究』一〜二頁）。

本書も前章までは憲法成立史研究と外交史研究の手法を用いて論じてきた。そこで、本章では国際政治理論を用いた検証を行い、本書の主張をさらに強固なものとしたい。

川崎氏の提唱する理論と歴史を統合する研究は、外交史研究が圧倒する日本ではなじみが薄いものである。本来なら、国際政治学における理論とは何か、から議論を始めなければならないが、本書でそれを述べる余裕はないので、さっそく、憲法九条の発想者がはたして幣原なのか、それとも違うのか、ということを国際政治理論を用いて分析したい。

そのために用いる理論とは、川崎氏のいうところの「因果的推論」における「反実仮想法」である。

## 「因果的推論」

まず、理論的分析の出発点として理解すべきは、データに照らし合わせて仮説を検証してゆく際の対象は二つあることである。一つは、社会現象の性質や性格を検証する「記述的推論」であり、もう一つは、その社会現象をめぐる因果関係を検証する「因果的推論」である。後者は、なぜその社会現象は起こるのか、あるいは起こったのか、というような原因と結果との関係に関する疑問を解く手法である。日本国憲法のGHQ草案に戦争放棄条項が盛り込まれたのはマッカーサーの「三希望事項」（いわゆる「三原則」）のⅡにそれがあったためであることは明白だが、それでは、どうして「三希望事項」のⅡに戦争放棄条項が盛り込まれたのか、その原因を国際政治理論で分析する場合は、「因果的推論」によることは明らかであろう。（川崎前掲書四〇頁）

## 「反実仮想法」

川崎氏によれば、その「因果的推論」には、三つの分析手法がある。「一致手続法」「過程追跡法」、そして「反実仮想法」の三つである。

「一致手続法」とは、初期条件を基礎にして、「理論Aが正しければこのような政策が結果としてできたはずである」というように演繹する。それが仮説にほかならない。そして、実際にデータにあたり、その予想（仮説）がデータと一致するかどうか検証するのである。この分析手法では結果（政策）に焦点を当てる一方で、その結果が出てきた過程（政策決定過程）はブラックボックスのまま分析しない。「一致手続法」は、たとえば、安全保障のジレンマ（アナーキー国際体系の論理的帰結として成立するもので、自国の安全を高める政策は他国の安全を低めざるを得ないというジレンマ）の緊張度の強弱の環境下において、大国（小国）はいかなる行動を取るのか、を防御的リアリズムと攻撃的リアリズムの両理論から推論する手法である（同書四八～五一頁）。

一方、「一致手続法」では、政策決定過程はブラックボックスのまま（その内部は見えないまま）にしておくので、予想された結果がデータと一致したとしても想定された政策決定過程が本当に生じたのかどうかは確認できない。この問題を避けるために開発されたのが「過程追跡法」であり、これは、政策決定過程そのものに焦点をあてて仮説検証を試みる手法である。概念的に言えば、理論Aが想定する過程と理論Bが想定する過程のうち、どちらの理論の想定がデータによって支持されるのか検証する手法である（同書五一～五二頁）。

このように「一致手続法」も「過程追跡法」も、初期条件（原因）そのものは固定した上で社会現象や外交政策という結果に関する理論の分析もしくはその理論化を行うものであるので、初期条件の当否を検証したい我々の関心には向かない分析手法である。

一方、「因果的推論」のための三つある分析法のうち、最後のものが、原因の当否を分析する「反実仮想法」であって、これはその名が示すとおり「事実に反する仮の状況を想定してみる」という心理実験を試みるものである。

今、ある事例の史実を調査した結果、原因である変数Xと結果である変数Yとの間に因果関係がありそうだという暫定的結論に至ったとする場合、他の条件はそのままにしておいて、「もしXの値が異なっていれば、その因果関係の論理に沿ったYの値も異なっていたであろうか」を心の中で想像するのである。

もし、Xの値が異なっていても、Yの値が想定通り変わらなければ、YはXに影響されていないこととなる。この場合、XとYの間には想定されていた因果関係がない蓋然性が高くなる。

逆に、Xの値を変えてみて、Yの値が想定どおりに変わるはずと判断されれば、XがYの原因であるという推論の蓋然性が高まろう。こういった「歴史のイフ」を試みることを「反実仮想法」というのである（同書五九頁）。

## 「反実仮想法」による憲法九条幣原発案説の検証

それでは、この「反実仮想法」によって憲法九条幣原発案説を検証しよう。

ここでの変数Xは、憲法九条の発案者が幣原である、ということであり、変数Yは、マッカーサーの「三希望事項」のⅡ、具体的には次の文言の全てである（便宜的に番号を付した）。
①国家の主権的権利としての戦争は放棄される。
②日本は、国際紛争を解決する手段として、さらに国家の安全を確保するための自衛の手段としてさえも、戦争を放棄する。
③日本の安全は、現在の世界に勃興している、国家の防衛とその保護のためのより高い理想に依拠する。
④日本の陸軍、海軍、空軍は決して認可されない、そして、交戦権は日本の軍には決して与えられない。

もし、変数Xが幣原ではなく、マッカーサーであるとすれば、変数Yはどうなるであろうか。おそらくYの内容は大きく異なっていたことであろう。

結論だけを述べるが、①はなく、②は「さらに国家の安全を確保するための自衛の手段としてさえも、戦争を放棄する」がなくなり、スペイン憲法やフィリピン憲法と同様に不戦条約から引用される「国際紛争を解決する手段としての戦争」の放棄だけが謳われるだろう。②の自衛戦争の放棄がなくなれば、②の代わりの政策としての③も不要だからなくなるであろう。自衛戦争を認める前提であれば、④の戦力不保持と交戦権の否認も文言が変わってくるであろう。

それぞれの理由は、本書でいままで論じてきたことと重複するから割愛するが、戦後のイタリア憲法やドイツ憲法に照らしても明らかであろう。

そして、このように変数Xの値が変わった場合にYの値が大きく変わると判断されるので、XがYの原因であるという推論の蓋然性が高まったのであり、国際政治理論の「反実仮想法」からいっても、幣原が憲法九条の発案者であることが明らかになるのである。

実は筆者は本書の各所で、「もし…であったら、…であったろう」と論じてきた。日本では、歴史にイフは禁物といわれるが、このようなイフは、世界レベルの社会科学的な意味では、原因となる変数Xと結果である変数Yの因果関係を検証する「反実仮想法」として広く認められている考え方なのであり、読者の皆様には、その意味で了解して頂きたい。

## 憲法九条の発案者をマッカーサーと幣原以外の人物とする説について

今まで検討してきた様々な議論から、憲法九条の発案者が幣原であり、彼は実は、戦争放棄条項と天皇の地位の明確化を二点セットとして憲法に入れることを発案し、マッカーサーに命令としてそれを新憲法に入れるように指示してもらうよう秘密交渉を行ったことが明らかになった。

このことを理解すると、幣原以外の人物の憲法九条発案説は、ほとんど成り立たないことが理解できるのである。

第一次世界大戦後に生じた例をみても、戦争直後は、戦争はこりごりだとする厭戦熱が高まる。まして日本の終戦は、国中が焦土と化した敗戦であった。戦争をなくそうという意見は幣原に限らず、多くの者がそのような意見を持った。そうだからこそ、戦争放棄条項が国民多数に受け入れられたのである。

しかし、だからといって、そのような意見を最初に表明した人物がそのまま憲法九条の発案者であるということにはならない。

マッカーサーの心を現実に揺り動かしてマッカーサーの「三希望事項」に入れさせた人物こ

そが憲法九条の発案者であり、それは幣原にしかできなかったのである。

## 憲法九条白鳥敏夫発案説と吉田茂の関与説について

比較的早期に憲法に平和条項を入れる意見具申を行った人物としては、序章で紹介したように、当時A級戦犯被告として巣鴨拘置所に拘留されていた白鳥敏夫もその一人であった。五百旗頭眞氏の論考「歴史の咎を『戦後責任』で超えるとき」(「中央公論」平成一七年一〇月号)によれば、外交官だった白鳥は、一九四五年一一月に「吉田〔茂〕と会い、平和憲法が戦後日本に是非とも必要であると説いた。吉田は、所説を文書にして送るよう白鳥に求めた。十二月十日にその草稿は届いた」。五百旗頭氏は、その文書は「GHQに差し戻され、検閲のうえ四六年一月二十日に戻された。吉田外相はそれを幣原首相にも回覧した」と述べる。さらに氏は、「戦前の幣原外相は〝協調外交〟もしくは〝平和的発展主義〟の代表者であったことはいうまでもない」「その意味での平和主義について、幣原は他から教えられる必要はなかった。しかし新憲法に戦争放棄条項を明記するという着想は、白鳥メモ以外に、幣原首相への注入は考えにくい」としている。吉田が白鳥の平和憲法の提案を幣原首相に渡した理由に対して、五百旗頭氏は、それは吉田が「貧しい敗者である当時、再軍備の負担を負わないことは日本の国益である」と考えたからであって、「病の床で日本の行く末を沈思していた幣原は、吉田の期待に違わず反応し、マッカーサーに提案してくれた」との仮説を述べて、もしそうであったならば、吉田の平和憲法への関与は「かなり持続的・戦略的なものであったとの解釈が可能にな」ろうと推定しておられる（五百旗頭論考二三三〜二三四頁）。

五百旗頭氏の論調は、平和憲法自体は白鳥が発想したとしつつも、講和期にアメリカの要求した再軍備をかわしつつ、戦後日本の平和的発展路線を樹立した吉田が憲法の平和条項創設についても戦略的に関与した可能性がある、とするものである。

五百旗頭氏の同論考では説明していないが、それでは、白鳥が吉田に提案した平和憲法とはどのようなものだっただろうか。

白鳥の吉田宛の書簡は英文で書かれたもので、しかも平和憲法の内容についてはわずかに一下りなので、彼が厳密にどう考えたかは意見が分かれるところである。それを前提として他の論者の原文の引用を拙訳で和訳すれば、「天皇の章における、いかなる状況下でも臣民に戦争させないという天皇の厳粛な誓い、いかなる政権下でいかなる形式においても国民が兵役を拒否できる権利、国のあらゆる資源の軍事利用の不適用」となる（モロジャコフ「日本国憲法『第九条』の草案者は誰か？」）。

白鳥の平和憲法案は、全体の趣旨としては、天皇は国民に戦争をさせないし、国民も兵役を拒否できる、さらに国の資源の軍事利用への不適用により、結果として日本は戦争を行えない、というものだが、直接的に戦争放棄や戦力の不保持を謳っていない。さらに、彼の平和憲法案は、冒頭に「天皇の章における」とあるとおり、憲法改正については、憲法の全面的な改正ではなく、帝国憲法の改正に留まっている。

五百旗頭氏は、「新憲法に戦争放棄条項を明記するという着想は、白鳥メモ以外に、幣原首相への注入は考えにくい」としているが、戦前に「協調外交」を推進していた幣原なら、自分の発想として憲法に平和条項を入れるのは自然であろう。また、白鳥の平和憲法案は今見た通り、帝国憲法の改正の範囲に留まっており、天皇制は不動のものとして改正憲法でもはたして天皇制が維持できるのか、という緊迫感が感じられない。それは、彼がA級戦犯被告として収監されていたので国際政治の実態を理解していなかったからであろう。しかし、幣原が思い悩んでいたのは、まさに改正憲法においても天皇の地位を明確に位置付けることであった。

それよりも、吉田が幣原に白鳥の文章を回覧したのは、ＧＨＱからその文書が戻された一九四六年一月二〇日以降の「幣原首相が病の床を払おうとするころ」（五十旗頭同論考二二三頁）である。しかし、本書で明らかになった通り、同年元旦の昭和天皇の「人間宣言」渙発の時には幣原は既に戦争放棄条項を憲法に入れることを考えていたことから考えても白鳥発案説は考えにくい。

ところで、総選挙の結果を受けて退陣する際、幣原は、「憲法改正草案要綱」に基づく憲法を成立させることができる後継首班選びに腐心した。そしてその結果、吉田を首班として奏請していたのである。戦争放棄が経済に与える好影響を力説したのはまずもって幣原であることを考えると、戦後日本の平和的発展路線を構想したのは幣原であって、吉田は幣原の後継者として彼の構想を実現する役割を担ったと位置付けても良いのではないだろうか。

なお、憲法における平和条項は、既述の通り、不戦条約が成立した後のスペイン憲法やフィリピン憲法で既に取り入れられており、ＧＨＱ草案の戦争放棄条項は、それを閣議ではじめて知った芦田均が「決して耳新しいものではない」と述べたことからも明らかなように白鳥の専売特許ではない。

それ以上に、繰り返すが、幣原が「天皇の人間化」と戦争放棄を二点セットとしてマッカーサーに提案したことからそれをマッカーサーが受け入れたのであって、この二点セットの発案者は幣原以外に考えられないのである。

今後も白鳥の例のように、資料の発掘の進展によって、他の人物の方が先に戦争放棄条項を発案して、それがＧＨＱ側に伝わった、という議論が生じる可能性があるが、憲法九条の発案者は、憲法に平和条項を入れるべきであるという議論の早い遅いだけで決められる訳ではないのである。

第一〇章

# 原子爆弾と憲法九条の発案

「平野文書」では、冒頭で平野氏が幣原に、憲法九条は「現在占領下の」(ヒアリング当時は占領下であった)「暫定的な規定ですか」「何れ独立の暁には当然憲法の再改正をすることになる訳ですか」と訊ねると、幣原はきっぱりと「そうではない、あれは一時的なものではなく、長い間僕が考えていた末の最終的な結論というようなものだ」と答え、その理由として、「原子爆弾というものが出来た以上、世界の事情は根本的に変わってしまったと僕は思う。何故ならこの兵器は今後更に幾十倍幾百倍と発達するだろうからだ。恐らく次の戦争は短時間のうちに交戦国の大小都市が悉く灰燼に帰して終うことになるだろう。そうなれば世界は真剣に戦争をやめることを考えなければならない。そして戦争をやめるには武器を持たないことが一番の保証になる」と自説を述べている(「平野文書」二一~三頁)。

このことは、幣原が憲法九条を発案したのは、原爆投下に直接影響を受けたためであることを物語っている。

幣原が秘密裡に新憲法への戦争放棄条項を命令として日本政府に出して貰うようにマッカーサーに依頼した一九四六年一月二四日の二人の会談の際も原爆のことが話し合われた。第六章で引用した『マッカーサー回顧録』によれば、この時、マッカーサーは幣原に「長い間、私は、戦争とは国家間の紛争を解決するには時代遅れの手段として廃止されなければならないと確信していた。〔中略〕そして、私の〔戦争への〕憎悪は原爆の完成によって最高度に達した」と話したという。

幣原とマッカーサーは、原爆のもたらす未曾有の惨禍と更なる核兵器の開発競争が戦争放棄を必須のものにするとの認識で一致したのであって、だからこそ、幣原はマッカーサーに「世界は我々を実行不可能な空想家としてあざけり笑うでしょう。しかし、今から百年後、我々は予言者と呼ばれるでしょう」と述べたのであろう。

マッカーサーは、彼の回顧録において広島と長崎に対する原爆投下について次のように述べている。邦語訳版でそれを見てみよう。

敵に対して使用される最初の原子爆弾が八月六日、「スーパーフォートトレス」型米機によって軍事都市広島に投下され、かつてみたことのない恐るべき爆発力を発揮した。広島市はほとんどあますところなく、一面の廃墟と化した。このような核兵器が開発されているということは、広島攻撃の直前まで私には知らされていなかった。

一九四五年八月七日、トルーマン大統領は放送で次のような声明を発表して、全世界を驚嘆させた。

「十六時間前、米機が日本の重要な陸軍基地、広島に一個の爆弾を投下した。この爆弾はTNT爆弾二万トン以上の威力をもつものであった。次第に威力を増しているわが軍隊はこの爆弾を得て、新しい革命的な破壊力を加えることとなった。それは原子爆弾で、宇宙の基礎をなす力を利用したものである。

われわれはいまや、どんな都市であろうと日本人が地上で行っているあらゆる生産活動を、これまでよりももっと早く、もっと完全に抹殺できることとなった。ここに、はっきりさせておきたい。われわれは日本の戦争能力を完全につぶしてしまうつもりである。去る七月二十六日、ポツダムから最後通告を発したのは、日本国民を徹底的な破壊から救おうという意図からであった」

この途方もない大爆発の音響が世界にこだましている中で、ソ連は八月八日、日本に対して宣戦を布告した〔中略〕。

八月九日、第二の原子爆弾が長崎市を壊滅させ、同市を包んだ埃と破壊物の煙は一万五千メートルの上空にひろがり、二百八十キロ以上の周辺にまでそれがみえた。広島、次いで長崎への二つの原子爆弾を投下したのは、アーノルド大将の率いる戦略空軍司令部に属し、テニアンに基地を置く第五〇九混成爆撃連隊であった。

第二の原爆の目標に長崎が選ばれたのは、天候状態の不良が原因だった。主要目標は小倉市だったが、爆撃に向った機は、煤煙でぼんやりとしか見えない同市の上空を五十分間旋回したのち、かわりの目標である長崎へ飛んで爆弾を投下した。小倉は偶然に訪れた奇跡に救われたが、長崎の十万の市民は、一瞬にして地獄図絵のうちに死んでいったのである（前掲『マッカーサー大戦回顧録』三七一～三七三頁）。

原爆を落とした国の側のマッカーサーの口調は淡々としたものだが、「かつてみたことのない恐るべき爆発力」「途方もない大爆発の音響が世界にこだましている」「長崎の十万の市民は、一瞬にして地獄図絵のうちに死んでいった」などの描写は、彼の原爆に対する憎悪を表現したものなのであろう。

そして、幣原が、今後核兵器は更に幾十倍幾百倍と発達するから「恐らく次の戦争は短時間のうちに交戦国の大小都市が悉く灰燼に帰して終うだろう、そうなれば世界は真剣に戦争をやめることを考えなければならない」と「預言」したことは極めて重要である。

第一次世界大戦後、世界は世界大戦を再び起こさない決意の下で戦争の違法化や軍縮交渉を重ねた。その交渉の難しさを一番分かっていたのが幣原であった。それでも第二次世界大戦が起こってしまった。その無念を日本外交の中枢で痛烈に感じた幣原の言葉である。

しかし、この言葉は、裏を返せば、核戦争によって短時間のうちに交戦国の大小都市が悉く灰燼に帰してしまうまで世界は真剣に戦争を止めることを考えない、ということになる。しかし、交戦国の大小都市が悉く灰燼に帰してしまった後では遅すぎるのである。

# 〔附録〕幣原喜重郎『外交五十年』（読売新聞社版）より

付録として、幣原喜重郎の『外交五十年』の憲法起草に関する章を掲げたい。

## 組閣と憲法起草

引越間際の御召　多くの人と同じように、私も戦災に遭った一人で、前の千駄谷の家も家財も自動車もみな焼けてしまった。そして多摩河畔の家で終戦を迎えた。こうなることは、かねて覚悟はしていたものの、その日その日の生活が非常に淋しい。そこでいろいろ考えた。もう私も年が年である。どこかへ隠棲して、書物でも読んで、静かに一生を終りたい。それには幸い山紫水明の鎌倉の家が残っている。よし、そこへ引越そうと決心したが、その頃のこととてトラックを手に入れるのが非常に面倒だ。車もなければ油もない。方々駈け回ってようやく一台手に入れた。そのトラックが来て、引越しの荷物を積み終ったので、私も支度をして門を出ようとした。そこへ出あいがしらに乗用の自動車が来た。それは宮内省の自動車であった。そしてその自動車で「早速御参内相成度」という侍従長からの手紙である。それは何のご用か知らんが、すぐ参内せよというのに、鎌倉へ行ってしまって、二日も三日も延ばしては、臣下として相済まん。服装などはあの当時何でも構わなかったようだが、幸い鞄の中にモーニングが一着残っていたのを着込んで、引越しは延ばすことにして、その車で宮内省へ行った。それは昭和二十年（一九四五年）十月六日であった。

**寝耳に水の大命**　宮内省へ行くと、陛下がお待ちになっておいでになるとのことで、早速拝謁した。陛下は私に、内閣組織の大命をお下しになった。寝耳に水と言おうか。これは全く夢にも予想しなかったことであって、私にはお引請け申上げる自信がなかったから、御勘弁を願ったが、お話申上げているうちにも、いかにもご心痛の御様子が拝察された。事ここに至ってはこの上御心配をかけては相済まない。自分で出来ることなら、生命を投げ出してもやらねばならぬと、堅く心に誓うに至った。それで、

「幣原にはこの大役が勤まるという自信はございませんけれども、全力を尽して御意を奉じましょう」と申上げて、御前を下がった。

**見当のつかぬ組閣**　内閣の組織は、私に取って大変な仕事であった。長いこと政局を離れていたから、一たいどういう人がどういう役目にいいのか、さっぱり見当がつかない。どうやらこうやりあげたが、今から考えても、それは実にえらい冒険をやったものであった。ちょうど吉田茂君が前の東久邇内閣の外務大臣だったので、その官舎を借りて組閣本部にしたのだが、吉田君は組閣には関係がなかった。よく組閣参謀などというが私のときはそんな者は誰もいない、私自身が組閣参謀だった。あとで楢橋渡君を呼んだら、彼はびっくりしてやって来た。彼はフランスにいて、東京市の市債を円で払うか、フランで払うかという相当大きな問題を、弁護士として引受けていた関係から、法律家として相当の者だろうと思っていた。彼は内閣の一員でなく、法制局長官であった。岩田宙造君（司法大臣）も前から知っており、その人格も手腕も多少わかっていたが、引受けてくれるかどうか、見当がつかなかった。それが引受けてくれそうなので、これは工合が好いと思った。松本烝治君（国務大臣）の話はずっと後であった。松村謙三君（農林大臣）は同じ貴

族院にいて、幾らか知っていた。芦田均君（厚生大臣）は外務畑の人だから、だいぶ前から知っていた。まあこんな工合に、全く予期だにしなかった私の組閣は、初めから準備も何もなかった。しかし一人話がつくと、例えば次田大三郎君が書記官長を引受けてくれると、その人の意見を聞いて、次の見当がつくという風に、結局全部の閣僚の人選が出来たわけである。

**あゝ八月十五日**　戦後の混とんたる世相の中で、私の内閣の仕事は山ほどあった。中でも一番重要なものは新しい憲法を起草することであった。そしてその憲法の主眼は、世界に例のない戦争放棄、軍備全廃ということで、日本を再建するにはどうしてもこれで行かなければならんという堅い決心であった。

これより前、私は長い浪人生活をしていて、あまり用事がないので、よく日本クラブへ出かけた。ちょうど昭和二十年八月十五日の終戦の日の朝も行っていた。すると事務員がやって来て、今日正午に陛下の玉音放送がありますという。私は前もってポツダム宣言受諾の事など聞いていなかったので、何の放送ですかと訊くと、それは判りませんが、とにかくそういう予定だそうですという。二階の図書室に備付の受信機の側へ行くと、もう沢山の人が集まっている。時報が終ると、放送局のアナウンサーはこれより玉音の放送ですと告げた。一同期せずして起立した。この放送で、無条件降伏ということが判って、みな色を失った。放送が済んでも、黙って立っていて、一言も発する者がない。隅の方に女の事務員が三、四人立っていたが、それがわあっと泣き出した。それで沈黙が破られ、みなハンケチを取り出して眼を拭いた。それは実に一生忘れられない、深い深い感動であった。

**聞け野人の声**　もうクラブなどに居る気がしない、心中おうおうとして楽まない。家へ帰ろうと、クラブを出て電車に乗った。そしてその電車の中で、私は再び非常な感激の場面に出逢ったのであった。それは乗客の中に、三十代ぐらいの元気のいゝ男がいて、大きな声で、向側の乗客を呼びこう叫んだのである。

「一たい君は、こうまで、日本が追いつめられたのを知っていたのか。なぜ戦争をしなければならなかったのか。おれは政府の発表したものを熱心に読んだが、なぜこんな大きな戦争をしなければならなかったのか、ちっとも判らない。戦争は勝った勝ったで、敵をひどく叩きつけたとばかり思っていると、何だ、無条件降伏じゃないか。足も腰も立たぬほど負けたんじゃないか。おれたちは知らん間に戦争に引入れられて、知らん間に降参する。自分は目隠しをされて屠殺場に追込まれる牛のような目に遭わされたのである。怪しからんのはわれわれを編し討ちにした当局の連中だ」

と、盛んに怒鳴っていたが、しまいにはオイオイ泣き出した。車内の群集もこれに呼応して、そうだそうだといってワイワイ騒ぐ。

私はこの光景を見て、深く心を打たれた。彼らのいうことはもっとも至極だと思った。彼らの憤慨するのも無理はない。戦争はしても、それは国民全体の同意も納得も得ていない。国民は何も知らずに踊らされ、自分が戦争をしているのでなくて、軍人だけが戦争をしている。それをまるで芝居でも見るように、昨日も勝った、今日も勝ったと、面白半分に眺めていた。そういう精神分裂の揚句、今日惨たんたる破滅の淵に突き落とされたのである。もちろんわれわれはこの苦難を克復して、日本の国家を再興しなければならんが、それにつけてもわれわれの子孫をして、再びこのような、自らの意思でもない戦争の悲惨事を味わしめぬよう、政治の組立から改めなければならぬということを、私はその時深く感じたのであった。

日露戦争の時、私は外務省の役人をしていて、よく当時の実際を知っているが、あの時は本当に国民が政府と一緒に、あるいは軍隊と一緒に、戦争をしているという気持になっていた。その有様というものは、まあ日夜提灯行列とか、旗行列とかいうものが、何千人も外務省へやって来て、万歳々々といって騒いだものだ。夜になると私らの任務の一つは、玄関のところまで出て、その一行に応答することであった。その人たちの顔を見ると、みな満面に感動と喜悦とをたたえて、その事が自分らの已むに已まれぬ仕事のように見えた。ところが今度は違う。みな黙っている。こんどの戦争では、そんな行列が外務省へやって来なかったと思う。それだけ国民の気持が違う。

**軍備全廃の決意**　私は図らずも内閣組織を命ぜられ、総理の職に就いたとき、すぐに私の頭に浮かんだのは、あの電車の中の光景であった。これは何とかしてあの野に叫ぶ国民の意思を実現すべく努めなくちゃいかんと、堅く決心したのであった。それで憲法の中に、未来永ごうそのような戦争をしないようにし、政治のやり方を変えることにした。つまり戦争を放棄し、軍備を全廃して、どこまでも民主主義に徹しなければならんということは、外の人は知らんが、私だけに関する限り、前に述べた信念からであった。それは一種の魔力とでもいうか、見えざる力が私の頭を支配したのであった。よくアメリカの人が日本へやって来て、こんどの新憲法というものは、日本人の意思に反して、総司令部の方から迫られたんじゃありませんかと聞かれるのだが、それは私の関する限りそうじゃない、決して誰からも強いられたんじゃないのである。

軍備に関しては、日本の立場からいえば、少しばかりの軍隊を持つことは、ほとんど意味がないのである。将校の任に当ってみれば幾らかでもその任務を効果的のものにしたいと考えるのは、それは当然のことであろう。外国と戦争をすれば必ず負けるに決まっているような劣弱な軍隊ならば、誰だって真面目に軍人となって身命を賭するような気にはならん。それでだんだんと深人りして、立派な軍隊を拵えようとする。戦争の主な原因はそこにある。中途半端な、役にも立たない軍備を持つよりも、むしろ積極的に軍備を全廃し、戦争を放棄してしまうのが、一番確実な方法だと思うのである。

も一つ、私の考えたことは、軍備などよりも強力なものは、国民の一致協力ということである。武器を持たない国民でも、それが一団となって精神的に結束すれば、軍隊よりも強いのである。例えば現在マッカーサー元帥の占領軍が占領政策を行っている。日本の国民がそれに協力しようと努めているから、政治、経済、その他すべてが円滑に取り行われているのである。しかしもし国民すべてが彼らと協力しないという気持になったら、果してどうなるか。占領軍としては、不協力者を捕えて、占領政策違反として、これを殺すことが出来る。しかし八千万人という人間を全部殺すことは、何としたって出来ない。数が物を言う。事実上不可能である。だから国民各自が、一つの信念、自分は正しいという気持で進むならば、徒手空拳でも恐れることはないのだ。暴漢が来て私の手をねじって、おれに従えといっても、嫌だといって従わなければ、最後の手段は殺すばかりである。だから日本の生きる道は、軍備よりも何よりも、正義の本道を辿って、天下の公論に訴える、これ以外にはないと思う。

あるイギリス人の書いた『コンディションズ・オブ・ピース』（講和条件）という本を私は読んだことがあるが、その中にこういうことが書いてあった。第一次世界大戦の際、イギリスの兵隊がドイツに侵入した。その時のやり方からして、その著者は、向うが本当の非協力主義というものでやって来たら、何も出来るものじゃないという真理を悟った。それを司令官に言ったということである。私はこれを読んで深く感じたのであるが、日本においても、生きるか殺されるかという問題になると、今の戦争のやり方で行けば、たとえ兵隊を持っていても、殺されるときは殺される。しかも多くの武力を持つことは、財政を破綻させ、従ってわれわれは飯が食えなくなるのであるから、むしろ手に一兵をも持たない方が、かえって安心だということになるのである。日本の行く道はこの外にない。僅かばかりの兵隊を持つよりも、むしろ軍備を全廃すべきだという不動の信念に、私は達したのである。

**難航した憲法の起草**　いよいよ憲法草案の審議に取りかかると、ある規定のごときは少し進み過ぎて、世の非難を受けるだろうという多少の心配もあった。起草に関係した人たちは二晩も徹夜したことがあり、相当難航を続けたこともあり、戦争の放棄ということもその一つであった。また憲法草案については、その文句だとか、書き方など、専門的の問題については、起草関係者が総司令部と連絡しておったが、これも相当議論があった。

新憲法において、天皇は日本の象徴であるといって、「象徴」という字を用いた。私もこれはすこぶる適切な言葉だと思った。象徴ということは、イギリスのスタチュート・オブ・ウェストミンスターという法律、これは連邦制度になってからだから、そう古い法律じゃない。その法律の中に、キングは英連邦（ブリティッシュ・コモンウェルス・オブ・ネーションズ）すなわちカナダやオーストラリアや南アフリカなどの国の主権の象徴（シンボル）であると書いてある。それから得たヒントであった。

（幣原喜重郎『外交五十年』二〇八～二一六頁、読売新聞社、一九五一年）

（解説）

本文でも述べたが、幣原喜重郎の『外交五十年』は、占領下の一九五〇年秋に「読売新聞」紙上に掲載された彼の回顧録（第一部の部分）を単行本化して一九五一年四月に刊行されたものである（単行本化にあたって、「第二部　回想の人物・時代」が追補されている）。彼はその一か月前の三月一〇日に急逝している。

本書に附録として収録したのは、その「第一部　外交五十年」の最終章である「組閣と憲法起草」の全文。底本は、昭和二六（一九五一）年四月一〇日、読売新聞社刊の初版本である。なお、誤字は訂正し、くの字点等の旧表記は現代表記に改めた。

この文章で幣原は、ＧＨＱに配慮して日本国憲法がＧＨＱ草案に基づくものであることは伏しており、戦争放棄条項を発案した理由についても本文で述べた政治的な意味は述べていない。また、この章では、新憲法で天皇が象徴とされたことについて彼は「これはすこぶる適切な言葉だと思った」と肯定している。天皇が象徴となったことに対して、ＧＨＱから憲法草案を渡された当初、幣原は不満であったと考えられることは本文で述べた通りである。嘘をつけない正直な性格の幣原だったので、この文言は正確には「後年、これはすこぶる適切な言葉だと思った」のであろうが、その「後年」の言葉をあえて書かなかったのであろう。また、この文章では、幣原が戦争放棄と軍備全廃を新憲法に入れることを考えたのは、彼が八月十五日の玉音放送を聞いた後に乗った電車の中の光景に深く心を打たれ、「野に叫ぶ国民の意思」を実現しようと努めたためとあるが（「聞け野人の声」）、幣原が描く電車の中の光景は生々しく、彼は実際にその光景を目撃したことは事実であろう。であれば、それもまた幣原が戦争放棄条項を憲法に入れようと考えた一つの理由でもあったと考えられる。

# おわりに

一九四五年一二月二五日、幣原喜重郎首相は、首相官邸で寒さを押して昭和天皇のいわゆる「人間宣言」を起草した。それが原因となって彼は肺炎で寝込み、GHQの好意で当時貴重だったペニシリンの注射を受けてようやく完治したのが翌年一月二〇日頃である。昭和天皇の「人間宣言」が連合国から評価されたことに意を強くした幣原は、病床の中で新憲法に天皇制の維持と戦争放棄を二点セットとして入れることをマッカーサーに命じてもらおうと決心した。

公務復帰早々の一月二四日、幣原はさっそくペニシリンのお礼を口実にマッカーサー連合国軍最高司令官と会見し、マッカーサーから日本政府に対してそれらを命じるように依頼する秘密交渉を行った。幣原の交渉の目的は、新憲法において戦争を放棄することで連合国から天皇制維持を認めさせるためであり、外務大臣としての経験から軍縮交渉の困難さを身を以て知る立場から、原爆が開発された現在、人類は戦争を放棄するほかない。そのためには、自発的戦争放棄国の出現を期待する以外なく、日本だけがその役割を果し得る位置にあると確信したからでもあった。また、それは、前年八月一五日の昭和天皇の玉音放送直後に心を動かされた市井の人々の戦争を否定する叫びを政治に活かすためでもあった。さらに、戦争を放棄すれば、国家の財源と国民の能力を挙げて平和産業の発達と科学文化の振興に振り向けられて復興に役立ち、日本が平和的活動分野に於いて世界に有利な地位を占められる、という経済的な展望にも依った。

そして、この交渉が秘密裡に行われたのは、幣原の依頼が帝国憲法における天皇大権に関することであって憚られることと、天皇の戦争責任を主張する連合国に対して敗戦国自らが提案できないこと、そして、秘密交渉が彼の得意とする外交スタイルであったからである。

一方、天皇を守る意思を持ちながらも昭和天皇の戦争責任論と退位論が盛り上がる米国国内や極東委員会構成国の動きに憂慮していたマッカーサーは、幣原の説得を受け入れる。マッカーサーも原爆の投下によって戦争に対する憎悪が最高度に達していたからであった。

こうして幣原の交渉は成功し、彼の二点セットの構想は、マッカーサーの「三原則（実は三希望条項）」に国家元首としての天皇と戦争放棄として盛り込まれる。そしてその二点セットは、ＧＨＱ民政局の優秀な法律家達が、当時の日本の各政党や在野の人々が発表した憲法草案等も考慮に加えて徹夜の作業を行って草案としてまとめられ、リンカーンの誕生日である二月一二日に完成、翌日に日本政府側に手交された。

そのＧＨＱ草案では、天皇が元首から象徴に変わり、戦争放棄は自衛戦争以外の戦争を放棄することに改められた。

幣原内閣は、天皇の地位が象徴に変ったことに憂慮しながらも、ＧＨＱ憲法草案のベーシック・フォーム（根本形式）は合意可能であり、細部は交渉できるものと考えた。ところが「読売報知」にAP通信の東京特派員が投じた昭和天皇の退位に関する記事が出るとGHQは焦燥して細部の交渉を切り上げて政府案の発表を急がせ、GHQ草案をほぼそのまま翻訳した草案が出来上った。

そこに盛り込まれた象徴としての天皇の地位は、大日本帝国憲法における天皇の地位（いわゆる天皇大権主義）を根本的に変えるものだったが、昭和天皇の御聖断でそれを受け入れることとなり、一九四六年三月六日、GHQ草案を元にした「憲法改正草案要綱」を幣原内閣が発表、翌日の新聞に報道された。

その直後の四月に行われた第一回総選挙の結果、政局は不安定になり、憲法改正まで責任を持って政権を担うことを訴えた幣原は退陣に追い込まれて政局は混迷を極める。しかし、幣原は、「憲法改正草案要綱」に基づく新憲法の実現のための後継首班選びに執念を燃やし、最終的に吉田を奏請し、自身も入閣して憲法改正に尽くす。

憲法草案は、制憲議会で審議されていくつか改正された後、一九四六年一一月三日の明治節（明治天皇の生誕記念日）に公布、六カ月後の一九四七年五月三日に施行された。

本書で日本国憲法の戦争放棄条項がGHQ草案を元にした「憲法改正草案要綱」発表当時の

第四四代内閣総理大臣・幣原喜重郎の発案であることが明らかになった。

そして、幣原総理の発案からマッカーサーの「三希望事項」（いわゆる「三原則」）へ、そしてGHQ草案と制憲議会の審議を経て日本国憲法第九条となった戦争放棄条項の変遷を辿ると、憲法制定の経緯が、いわゆる「憲法押し付け論」のような単純なものではなかったことが理解できる。また、憲法九条の法意が、自衛権と外交の延長としての戦争における交戦権を峻別し、後者は放棄したが、前者は放棄していないことも明らかになった。

さらに、憲法九条のこの法意が理解できれば、日本の自衛隊が、他国の軍隊とは異なって自衛権の行使だけを目的として「自衛のための必要最小限度の実力」（一九五四年自衛隊発足時の鳩山内閣の見解、以下、歴代政府の統一見解となる）だけを保持する範囲にある限り合憲であり、それを超えるものに変容すれば違憲なのは明らかである。

おわりに、私は、学生時代に京都で田畑忍同志社大学名誉教授（憲法学）の講演を聞いて、憲法九条と幣原の研究を志しました。

本書の出版をお勧め下さり、御自身で企画を担当されて稀有の水害の中で本書の刊行を実現して下さった株式会社大学教育出版 代表取締役 佐藤守先生に心より御礼を申し上げます。

二〇一八年七月

大越哲仁

## 主な参考資料（資料名アイウエオ順）

※本文に掲げた書名では、シリーズ名等、一部を省略している。この文献リストの書名がシリーズ名等含めた正確なものである。なお、本文で引用した際は、原典の表記を一部現代表記に改めている。


進藤榮一編『芦田均日記』（第一巻）、岩波書店、一九八六年

松浦茂「イギリス及びフランスの予算・決算制度」『レファレンス』（第六八八号）国立国会図書館調査及び立法考査局、二〇〇八年

幣原喜重郎『外交五十年』、中公文庫版一九八七年、読売新聞社版昭和二六年

清澤洌『現代日本文明史3　外交史』東洋経済新報社出版部、昭和一六年

有賀貞・宮里政玄編『概説アメリカ外交史　政治・経済・軍事戦略の変遷』有斐閣選書、昭和五八年

有賀貞・大下尚一編『概説アメリカ史　ニューワールドの夢と現実』有斐閣選書、昭和五四年

吉田茂『回想十年』（第一巻）新潮社、昭和三一年

西春彦『回想の日本外交』岩波新書、一九六五年

高橋悠・畝村繁『改訂　国際法』青林書院新社、昭和五三年

戸部良一『日本の近代9　逆説の軍隊』中央公論社、一九九八年

恒藤武二編『教材法学』ミネルヴァ書房、一九八三年

金丸輝男・太田雅夫編『教養政治学』法律文化社、一九七九年

『極東の軍事情勢　軍事委員会と外交委員会の事前公聴会』、米国上院、第八二議会第一セッション、アメリカ合衆国政府印刷局、一九五一年、ワシントン（*MILITARY SITUATION IN THE FAR EAST, Hearings Before The Committee On Armed Services And The Committee On Foreign Relations, United States Senate. Eighty-Second Congress First Session*, Printed for the use of the Committee on Armed Services and the Committee on Foreign Relations, United States Government Printing Office Washington, 1951）

山本浩三『現代法学講義4　憲法』評論社、昭和五四年

西修「憲法9条の成立過程」『駒澤大學法学部研究紀要』（第六二号）二〇〇四年

「幣原先生から聴取した戦争放棄条項等の生まれた事情について―平野三郎氏記―」「『憲法調査会資料』西沢哲四郎旧蔵・請求番号一六五番）」、昭和三九年

幣原道太郎「憲法第九条を強要された父・幣原喜重郎の悲劇―「羽室メモ」をめぐる謎」『週刊文春』昭和五六年三月二六日号

田畑忍・上野裕久編『憲法要義』ミネルヴァ書房、昭和四六年

麻田貞雄『最終講義　原爆投下をめぐる神話と現実　六〇周年の展望』二〇頁、同志社大学法学部外交史アラムナイ会、二〇〇六年

憲法調査会『憲法制定の経過に関する小委員会第四七回議事録』、昭和三七年

細谷千博・安藤仁介・大沼保昭編『国際シンポジウム　東京裁判を問う』講談社学術文庫、一九八九年

高橋悠『法律学全集29・国際組織法』ミネルヴァ書房、昭和四五年

田岡良一『国際法』Ⅲ、有斐閣、昭和三四年

日本近代史研究会編『国民の歴史』二〇巻　国文社　昭和四一年

川崎剛『国際政治・日本外交叢書⑱　社会科学としての日本外交研究―理論と歴史の統合を目指して』ミネルヴァ書房、二〇一五年
幣原平和財団『幣原喜重郎』幣原平和財団、昭和三〇年
森武麿『集英社版日本の歴史⑳　アジア・太平洋戦争』集英社、一九九三年
松尾尊允『集英社版日本の歴史㉑　国際国家への出発』集英社、一九九三年
宮内庁『昭和天皇実録　第九』東京書籍、平成二八年
宮内庁『昭和天皇実録　第十』東京書籍、平成二九年
宮沢俊義編『世界憲法集』第三版　岩波文庫、一九八〇年
入江昭／篠原初枝訳『太平洋戦争の起源』東京大学出版会、一九九一年
高柳賢三・大友一郎・田中英夫編著『日本国憲法制定の過程―連合国総司令部の記録による―』（Ⅰ原文と翻訳）有斐閣　一九七二年
ワシーリー・モロジャコフ「日本国憲法『第九条』の草案者は誰か？」http://www.nippon.com/ja/column/g00269/（二〇一七年十一月十日調査）
国会図書館「日本国憲法の誕生・資料と解説　第3章　GHQ草案と日本国政府の対応3-15　GHQ草案1946年2月13日」http://www.ndl.go.jp/constitution/shiryo/03/076shoshi.html（二〇一七年一一月三日調査）
古関彰一『日本国憲法の誕生』岩波現代文庫、二〇〇九年
半藤一利『日本国憲法の二〇〇日』文春文庫、二〇〇八年
西修『日本国憲法はこうして生まれた』中公文庫、二〇〇〇年
『日本政治の再編成　一九四五年九月～一九四八年九月』（*Political Reorientation of Japan -September 1945 to Sep-*

tember 1948-, *Report of GOVERNMENT SECTION Supreme Commander for the Allied Powers*, U.S. Government Printing Office Washington）。なお、邦訳については、原著の第三章（日本の新憲法）のみ、占領下の一九五一年に『國家學會雜誌』（第六五巻第一号、東京大学刊）に掲載されている。

A・リックス編／竹前栄治・菊池努訳『日本占領の日々―マクマホン・ボール日記―』岩波書店、一九九二年

大阪大学文学部西洋史学研究室「日本とオーストラリアの関係史」http://www.let.osaka-u.ac.jp/seiyousi/kobeya/AustraliaHistory/jau/index.htm（2017/4/1 調査）

入江昭『日本の外交』中公新書　昭和四一年

新田隆信「フィリピン憲法と戦争」『憲法研究所特集3　戦争と各国憲法』憲法研究所　昭和三九年

フィリピン政府・憲法のホームページ http://www.gov.ph/constitutions/the-1935-constitution/（2017/4/1 調査）

増田弘『マッカーサー』中公新書、二〇〇九年

ダグラス・マッカーサー／津島一夫訳『マッカーサー大戦回顧録』中公文庫、二〇一四年改版

ルイス・J・ハレー『歴史としての冷戦』サイマル出版会、一九七〇年

五百旗頭真「歴史の咎を『戦後責任』で超えるとき」「中央公論」二〇〇五年一〇月号、中央公論社

# 索　引

■著者紹介

大越　哲仁（おおこし・てつじ）

歴史家（近現代国際史）

一九六一年福島県生まれ。

同志社大学法学部卒業、放送大学大学院文化科学研究科修士課程修了。

公益財団法人蘇峰会理事

一般社団法人日本ペンクラブ会員

蘇峰蘆花論文賞・新島研究論文賞・新島研究功績賞　受賞

主要編著書（共編）

『近代日本と徳富兄弟』財団法人蘇峰会、二〇〇三年

主要著書（共著）

『欧米から見た岩倉使節団』ミネルヴァ書房、二〇〇二年

論文

「新島襄の米欧教育制度調査と文部省『理事功程』」『新島研究』（一〇九号）（同志社大学社史資料センター、二〇一八年）

等多数

# マッカーサーと幣原総理

## ―憲法九条の発案者はどちらか―

二〇一八年八月二七日　初版第一刷発行

■著　者――大越哲仁
■発行者――佐藤　守
■発行所――株式会社大学教育出版
〒七〇〇‐〇九五三　岡山市南区西市八五五‐四
電　話（〇八六）二四四‐一二六八㈹
FAX（〇八六）二四六‐〇二九四
■印刷製本――モリモト印刷㈱
■D T P――林　雅子



ISBN978‐4‐86429‐526‐0